Leben.Lieben.Arbeiten **SYSTEMISCH BERATEN**

Herausgegeben von
Jochen Schweitzer und
Arist von Schlippe

Janna Küllenberg und Jochen Schweitzer (Hg.)

Medizinische Organisationspsychologie für das Krankenhaus

Systemische Beratung
in einem fordernden Umfeld

Vandenhoeck & Ruprecht

Mit einer Abbildung

Bibliografische Information der Deutschen Nationalbibliothek:
Die Deutsche Nationalbibliothek verzeichnet diese Publikation in der
Deutschen Nationalbibliografie; detaillierte bibliografische Daten sind
im Internet über https://dnb.de abrufbar.

© 2022 Vandenhoeck & Ruprecht, Theaterstraße 13, D-37073 Göttingen,
ein Imprint der Brill-Gruppe
(Koninklijke Brill NV, Leiden, Niederlande; Brill USA Inc., Boston MA, USA;
Brill Asia Pte Ltd, Singapore; Brill Deutschland GmbH, Paderborn, Deutschland;
Brill Österreich GmbH, Wien, Österreich)
Koninklijke Brill NV umfasst die Imprints Brill, Brill Nijhoff, Brill Hotei,
Brill Schöningh, Brill Fink, Brill mentis, Vandenhoeck & Ruprecht, Böhlau,
V&R unipress.

Alle Rechte vorbehalten. Das Werk und seine Teile sind urheberrechtlich
geschützt. Jede Verwertung in anderen als den gesetzlich zugelassenen Fällen
bedarf der vorherigen schriftlichen Einwilligung des Verlages.

Umschlagabbildung: Badun/shutterstock.com

Satz: SchwabScantechnik, Göttingen
Druck und Bindung: ⊕ Hubert & Co. BuchPartner, Göttingen
Printed in the EU

Vandenhoeck & Ruprecht Verlage | www.vandenhoeck-ruprecht-verlage.com

ISSN 2625-6088
ISBN 978-3-525-40817-9

Inhalt

Zu dieser Buchreihe 7
Vorwort von Arist von Schlippe 9

I Der Kontext
Was ist medizinische Organisationspsychologie? 14
Krankenhäuser verstehen 17
Psychische Gesundheit am Arbeitsplatz Krankenhaus 23

II Die systemische Beratung
Teamberatung im Krankenhaus wirksam ausrichten 32
Konfliktmoderation und -mediation im Krankenhaus 44
Dilemmakompetenz trainieren 54
Führungskräfte entwickeln und coachen 62
Anonyme innerbetriebliche Mitarbeiterberatung in
Krisensituationen 72
Interne Organisationsentwicklung einer Klinik 81

III Am Ende
Wie arbeiten wir? Das Wichtigste in aller Kürze 92
Literaturverzeichnis 97
Die Autorinnen 103

Zu dieser Buchreihe

Die Reihe »Leben. Lieben. Arbeiten: systemisch beraten« befasst sich mit Herausforderungen menschlicher Existenz und deren Bewältigung. In ihr geht es um Themen, an denen Menschen wachsen oder zerbrechen, zueinanderfinden oder sich entzweien und bei denen Menschen sich gegenseitig unterstützen oder einander das Leben schwer machen können. Manche dieser Herausforderungen (Leben.) haben mit unserer biologischen Existenz, unserem gelebten Leben zu tun, mit Geburt und Tod, Krankheit und Gesundheit, Schicksal und Lebensführung. Andere (Lieben.) haben mit unseren intimen Beziehungen zu tun, mit deren Anfang und deren Ende, mit Liebe und Hass, mit Fürsorge und Vernachlässigung, mit Bindung und Freiheit. Wiederum andere Herausforderungen (Arbeiten.) behandeln planvolle Tätigkeiten, zumeist in Organisationen, wo es um Erwerbsarbeit und ehrenamtliche Arbeit geht, um Struktur und Chaos, um Aufstieg und Abstieg, um Freud und Leid menschlicher Zusammenarbeit in ihren vielen Facetten.

Die Bände dieser Reihe beleuchten anschaulich und kompakt derartige ausgewählte Kontexte, in denen systemische Praxis hilfreich ist. Sie richten sich an Personen, die in ihrer Beratungstätigkeit mit jeweils spezifischen Herausforderungen konfrontiert sind, können aber auch für Betroffene hilfreich sein. Sie bieten Mittel zum Verständnis von Kontexten und geben Werkzeuge zu deren Bearbeitung an die Hand. Sie sind knapp, klar und gut verständlich geschrieben, allgemeine Überlegungen werden mit konkreten Fallbeispielen veranschaulicht und mögliche Wege »vom Problem zu Lösungswegen« werden skizziert. Auf unter 100 Buchseiten, mit etwas Glück an einem langen Abend oder einem kurzen Wochenende zu lesen, bieten sie zu dem jeweiligen lebensweltlichen Thema einen schnellen Überblick.

Die Buchreihe schließt an unsere Lehrbücher der systemischen Therapie und Beratung an. Unsere Bücher zum systemischen »Grundlagenwissen« (1996/2012) und zum »störungsspezifischen Wissen« (2006) fanden und finden weiterhin einen großen Leserkreis. Die aktuelle Reihe erkundet nun das »kontextspezifische Wissen« der systemischen Beratung. Es passt zu der unendlichen Vielfalt möglicher Kontexte, in denen sich »Leben. Lieben. Arbeiten« vollzieht, dass hier praxisbezogene kritische Analysen gesellschaftlicher Rahmenbedingungen ebenso willkommen sind wie Anregungen für individuelle und für kollektive Lösungswege. Um klinisch relevante Störungen, um systemische Theoriekonzepte und um spezifische beraterische Techniken geht es in diesen Bänden (nur) insoweit, als sie zum Verständnis und zur Bearbeitung der jeweiligen Herausforderungen bedeutsam sind.

Wir laden Sie als Leserin und Leser ein, uns bei diesen Exkursionen zu begleiten.

Jochen Schweitzer und Arist von Schlippe

Vorwort von Arist von Schlippe

Organisationen sind merkwürdige Gebilde. Die Fähigkeit von Menschen, sich kooperativ zusammenzuschließen, um mehr zu erreichen als sie könnten, wenn sie allein unterwegs sind, hat zu einer unglaublichen Steigerung der Möglichkeiten geführt – nicht erst seit heute. Wir stehen staunend vor den Pyramiden, vor dem Kölner Dom und anderen Gebäuden und erfreuen uns im Alltag an Erzeugnissen, die ohne die Fähigkeit des Organisierens und ohne die Koordination unterschiedlicher Organisationen nicht möglich wäre.

Doch was *ist* eigentlich eine Organisation? Gebäude, Türschild, Personen, all das ändert sich, Organisationen leben ja in der Regel viel länger als ihre Mitglieder. Sie wechseln Standorte, Briefköpfe, Führungs- und Organisationsstrukturen. An äußeren Merkmalen sind sie nicht dauerhaft dingfest zu machen. Am ehesten kann man sagen, dass sie definierbar sind durch die Art und Weise, wie sich Menschen koordiniert verhalten. Dabei lassen sich formale und informale Aspekte voneinander unterscheiden. Während Organisationen über komplexe Regelsysteme die Tätigkeiten der Mitglieder über formale Abläufe festlegen, sind alle sich bewusst, dass all dies allein nicht reicht. Die informale Seite besteht »aus eingeschliffenen Praktiken, aus gepflegten Kniffen zur Arbeitserleichterung und aus regelmäßigen Abweichungen von den formalen Regeln«. Sie ist in gewisser Weise mit dem Nervensystem eines Menschen vergleichbar:

feiner, weniger offensichtlich als Haut und Knochen, aber zugleich die feine Struktur, das Ganze ausmacht.[1]

Die Metapher scheint mir das Buch, dem dieses Vorwort gilt, gut zu charakterisieren. Es geht um die vielen psychologischen Facetten des Organisierens, die nicht offensichtlich, nicht in klare Struktur übersetzbar sind – und die trotzdem oder gerade deswegen das ausmachen, was für eine Organisation essenziell ist. Hier kommt noch ein Aspekt hinzu: Es geht nicht um ein zu verkaufendes Produkt. Das konfrontiert uns mit der Paradoxie, dass eine gesellschaftlich zentrale Aufgabe zu erfüllen ist, nämlich kranken Menschen zu helfen und sich dabei zugleich marktwirtschaftlich aufzustellen, also möglichst Gewinne zu erzielen. Das setzt Krankenhäuser in ein brisantes Spannungsfeld, macht die dort Tätigen besonders vulnerabel. Umso wichtiger ist es, das »Nervensystem« dieser Organisationen gut zu erschließen und kritische Punkte, an denen die Paradoxie offenkundig wird, aufzuzeigen.

Diese Aufgabe erfüllt das kleine Buch sehr gut, das Sie, liebe Leserin, lieber Leser in Händen halten. Ich wünsche Ihnen viele Erkenntnisse, die helfen, die »unmögliche Aufgabe« medizinischer Organisationen innerhalb unserer Kultur weiterhin zu erfüllen.

---

1 Kühl, S. (2018). Organisationskulturen beeinflussen. Berlin/Heidelberg: Springer VS, S. 20 f.

Der Kontext

Was ist medizinische Organisationspsychologie?

Jochen Schweitzer, Janna Küllenberg und Beate Ditzen

Medizinische Organisationspsychologie ist ein Begriff, den unsere Arbeitsgruppe im Jahr 2007 gewählt hat, um einer damals neu gegründeten wissenschaftlichen und beraterischen Arbeitseinheit am Universitätsklinikum Heidelberg einen Namen zu geben. Er gefiel uns damals und er gefällt uns bis heute als Kürzel für den doppelten Versuch, Einrichtungen des Gesundheitswesens in ihren Besonderheiten (daher medizinisch) wissenschaftlich unter eine speziell organisationspsychologische (und nicht primär klinisch-psychologische) Lupe zu nehmen und sie und die Mitarbeiterinnen mit dem Handwerkszeug organisationspsychologisch informierter Beratung bei der Bewältigung ihrer vielen Herausforderungen auch praktisch zu unterstützen. Diese Perspektive verbanden wir, auch wenn das nicht Teil des Namens der Arbeitsgruppe wurde, von vornherein mit der Sicht der systemischen Beratung, die praktisch von allen bis heute hier Arbeitenden geteilt und praktiziert wurde.

Seit 1997 haben wir, mit Unterstützung des damaligen Leiters Rolf Verres, im Institut für Medizinische Psychologie des Universitätsklinikums Heidelberg diesen Schwerpunkt aufgebaut. 2007 wurde er als eine offizielle Sektion des Universitätsklinikums anerkannt. Zwischen 1997 und 2022 hat diese Sektion einschließlich ihres inoffiziellen Vorläufers zwölf drittmittelgeförderte Forschungsprojekte durchgeführt. Parallel dazu hat sie eine große Zahl von Führungskräften, von klinischen, wissenschaftlichen und Service-Teams sowie

Umstrukturierungsprojekten bei ihrer Arbeit beratend unterstützt. Jetzt, 2022, mit dem Ruhestand von Jochen Schweitzer als Gründer und langjährigem Leiter der Sektion, wird sie zunächst als Arbeitsgruppe im Stil einer Beratungsstelle unter Leitung von Kirsten Bikowski ihre Arbeit in dem heute von Beate Ditzen geleiteten Institut für Medizinische Psychologie fortführen. Dieser Übergang ist auch der biografische Anlass für das von Janna Küllenberg koordinierte Verfassen dieses Buches gewesen.

Mit diesem Buch wollen wir die praktischen Beratungserfahrungen vermitteln, die sich unsere Gruppe in diesen Jahren angeeignet hat – teils inhouse im Universitätsklinikum Heidelberg, teils extern in anderen Krankenhäusern. Wir denken, dass die Arbeit im Gesundheitswesen in manchen Bereichen typisch für die Arbeit in großen Organisationen ist, andererseits aber – und hier besonders die Arbeit in der Klinik – Besonderheiten aufweist. Dies u. a. durch die interdisziplinäre Struktur, die Notfallszenarien, den Umgang mit Menschen, die in einer Ausnahmesituation sind, und die elementaren und existentiellen Fragen, die immer wieder auftreten. Das Buch richtet sich deshalb an Leitungskräfte und Mitarbeitende im Gesundheitswesen, besonders in Krankenhäusern, die Unterstützung in psychosozialen Konfliktlagen suchen oder vermehrt organisationsentwicklerisch tätig sein wollen. Und es richtet sich an Beratungsfachleute, die sich in die besonderen Herausforderungen von Gesundheitseinrichtungen eindenken wollen. Das Spektrum der Beratungssettings reicht von der Beratung einzelner erschöpfter Mitarbeiter bis zur Arbeit mit zum Teil sehr großen Teams im Schichtdienstbetrieb; von der Fallsupervision für anstrengende Patientenkontakte bis zur resilienzfördernden Team- und Führungskräfteentwicklung; von der breitgefassten Inhouse-Beratung für alle Lebenslagen bis zur hochspezialisierten Konfliktmediation.

Das Buch enthält zahlreiche Falldarstellungen, die aber durch zahlreiche Verfremdungen allesamt keine in dieser Form realen, sondern prototypische Begebenheiten erzählen. Alle darin vorkommenden Klienten sind in diesem Sinne erfundene Klienten, alle Geschichten erfundene Geschichten. Alle hätten sich aber recht ähnlich wie beschrieben abspielen können.

Das Buch ist inspiriert vom Geist systemischer Beratung, von Haltungen wie Wertschätzung, Neugier, Allparteilichkeit, vom Respekt gegenüber den Personen und Zielen der Organisation bei gleichzeitiger Respektlosigkeit gegenüber angeblich nicht anzweifelbaren Glaubenssätzen. Wer sich in die Grundlagen systemischer Beratung vertieft einarbeiten möchte, sei auf das Lehrbuch von Schlippe und Schweitzer (2016) hingewiesen. Alle Autorinnen[2] sind in systemischer Therapie und Beratung oder in systemischem Coaching und Organisationsentwicklung weitergebildet, meist am Heidelberger Helm Stierlin Institut, und haben zu verschiedenen Zeiten in der Sektion oder als Partnerin mit der Sektion zusammengearbeitet.

Das Buch ist auch inspiriert von unserer Hochachtung für die Organisation Krankenhaus und deren Mitarbeitende, die tagtäglich – oft im Schichtdienst, oft unter Zeitdruck, oft unter belastenden ökonomischen und bürokratischen Rahmenbedingungen – Menschenleben retten oder zumindest vielen von uns helfen, gesund zu bleiben oder wieder zu werden.

---

2   Wir verwenden im Text in zufälliger Folge die männliche und weibliche Form. Im Sinne der gendersensiblen Sprache mögen sich bitte alle mitgemeint fühlen.

Krankenhäuser verstehen

Antonia Drews, Frauke Ehlers und Jochen Schweitzer

Das Krankenhaus – eine Gesundheits-Einrichtung

Was unterscheidet Krankenhäuser von anderen Arten von Organisationen? Die wichtigste Unterscheidung betrifft Gesundheit als ein besonderes, basales und existentielles Gut. Gesundheit ist eine Grundbedingung für die Nutzung fast aller anderen Güter, insofern lebenswichtiger als Autos oder Wertpapiere. Sie hat sowohl für Patienten als auch für Mitarbeitende eine sehr hohe persönliche Bedeutung und lässt niemand kalt, wie man so schön sagt. Dabei ist sie ein »Vertrauensgut« (Friedrich u. Schulz, 2020), bei dessen Gewinnung die Patientin Co-Produzentin ist, d. h. intensiver mitarbeiten muss als bei anderen Gütern. Zudem inszenieren sich im Krankenhaus häufig Grenzsituationen zwischen Leben und Tod, was es zu einem besonders spannenden und interessanten, aber auch besonders anstrengenden Arbeitsplatz macht. Deshalb sind Überlastung und Überarbeitung häufig anzutreffen und dementsprechend ist deren Prävention durch Gesundheitsmanagement hier noch wichtiger als in vielen anderen Branchen (Kroll, Müters, Schumann u. Lamper, 2017).

Gesundung erfordert besondere Prozessabläufe. Prozesse im Krankenhaus sind oft nur bedingt vorhersehbar und aufgrund der Heterogenität der Krankheitsverläufe von Patienten auch nur begrenzt standardisierbar: Die Planung des Unplanbaren stellt Qualitätssicherung und Qualitätsmanagement vor besondere Voraussetzungen. An der Erhaltung und Wiederherstellung von Gesundheit sind – in unterschiedlicher Intensität – bis zu 45 nichtärztliche Berufsgruppen und Ärztinnen aus bis zu 37 verschiedenen Fachrichtungen beteiligt (vgl. Statistisches Bundesamt – Destatis, 2021), prominent sind dabei medizinische, pflegerische und weitere therapeutische Berufsgruppen. Aber auch jenseits des direkten Patientenkontaktes wird viel technisches Service- und Verwaltungs-Knowhow gebraucht, als Beispiel seien hier Logistik (z. B. Beschaffung von Versorgungsmaterial) und Hygiene (gewährleistet u. a. durch Reinigungskräfte) genannt. Dies erhöht die Zahl interprofessioneller Schnittstellen, also des Aufeinandertreffens unterschiedlicher Fachsprachen, professionsspezifischer Werte und Rituale. Gleichzeitig ist das Prozessdenken insbesondere an Schnittstellen und zwischen Organisationseinheiten bei Krankenhausmitarbeitenden tendenziell wenig ausgeprägt (Debatin, Goyen u. Schmitz, 2006). So besteht die Aufgabe von Organisationsberaterinnen vielfach in einer Art Übersetzung an Schnittstellen zwischen Berufsgruppen und Hierarchieebenen.

Der Krankenhausbetrieb ist ein *Rund-um-die-Uhr-Geschäft*, das nur durch Schichtbetrieb zu gewährleisten ist. Mitglieder derselben Arbeitseinheiten treffen sich dadurch nicht zwangsläufig persönlich, sondern kooperieren oft nur über Dokumentations- und Übergabesysteme miteinander. Diese verknappte Kommunikation steigert Konfliktpotenziale zwischen Kollegen. Teamberatungen und Konfliktmoderationen, die zur Lösung solcher Konflikte im Face-to-Face-Kontakt beitragen, erfordern zudem meist eine besonders aufwändige Terminplanung.

Das Krankenhaus – ein besonderer Organisationstyp

Zugleich ist das Krankenhaus konfrontiert mit mannigfaltigen Aufgaben und Aufträgen, die zuweilen in heftigen Konflikten miteinander stehen und sorgsam ausbalanciert werden müssen. Bei den Auftragssituationen lohnt es sich, zwischen verschiedenen Arten von Krankenhäusern, unterschiedlichen Versorgungsangeboten und teilweise widersprüchlichen Erfolgslogiken zu differenzieren:

- Krankenhäuser verfolgen unterschiedlich anspruchsvolle Versorgungsansprüche. So stehen kleinere Häuser der Regelversorgung größeren der Maximalversorgung gegenüber.
- Es gibt solche Krankenhäuser, die sich ihre Patientinnen aussuchen können, und solche mit Voll-Versorgungsanspruch, die jeden Patienten in ihrem Einzugsgebiet aufnehmen müssen.
- Im selben Krankenhaus kann den Patientinnen eine (in Deutschland meist sehr umfängliche) Grundversorgung angeboten werden oder (meist den Privatpatientinnen) eine umfangreichere Wahlleistungsversorgung. Das kann zu einer internen Zwei-Klassen-Versorgung zwischen den Patienten desselben Krankenhauses führen.
- Die Finanzierungssysteme müssen für das Krankenhaus auskömmlich, die Kosten der stationären Behandlung für die Krankenversicherungen tragbar sein. Diese Konflikte werden bei den Dachgesellschaftsgesprächen zwischen Deutscher Krankenhausgesellschaft und den Spitzenverbänden der Krankenkassen verhandelt.
- Die Universitätskliniken haben neben der Patientenversorgung zusätzliche Aufgaben in medizinischer Forschung, Lehre für Medizin und Pflege sowie in der fachärztlichen Ausbildung. Insbesondere für Krankenhausärzte entstehen hierdurch oft Auftragskonflikte in ihrer alltäglichen Arbeitspraxis (»Was soll ich zuerst tun, was hintenanstellen?«).

Hinter diesen Konfliktlinien scheinen zwei Grundkonflikte hervor. Erstens besteht häufig ein Widerspruch zwischen dem Versorgungsauftrag der Behandlerinnen bei gleichzeitigem Effizienzdruck: Einerseits gibt es das allen gemeinsame Ziel der Erhaltung und Förderung des Gemeinguts Volksgesundheit, andererseits gibt es – in der vorherrschenden kapitalistischen Marktwirtschaft – eine zunehmende Wettbewerbsorientierung, um betriebswirtschaftliche Überschüsse zu erzielen oder zumindest Defizite zu vermeiden. Zweitens zeigt sich eine Diskrepanz im Fokus auf der Gesundheit der Patienten, die oft eine daraus resultierende Vernachlässigung der Gesundheit der Mitarbeitenden zur Folge hat.

Es gibt weitere Besonderheiten der Organisationsstruktur von Krankenhäusern. Moderne Gesundheitsversorgung auf technologisch hohem Niveau erfordert spezialisierte Fortbildung und Konzentration auf möglichst wenige fachkompetent von Spezialistinnen ausgeführte Leistungen. Zugleich sind diese Spezialistinnen, gerade weil sie nur noch sehr kleine Teilaufgaben bearbeiten, vermehrt auf die gelingende Zusammenarbeit mit allen anderen Spezialisten angewiesen. In den letzten Jahren entwickeln sich zunehmend interdisziplinäre Konferenzstrukturen, z. B. die Tumorboards in der Onkologie, bei denen individuelle Befunde und Behandlungsmöglichkeiten von Patientinnen im Rahmen einer Expertenrunde multiperspektivisch diskutiert werden, um so Wissen und Erfahrung aus verschiedenen medizinischen Fachrichtungen bestmöglich zu vereinen. Die Ermöglichung und Pflege interdisziplinärer Kooperationsformen ist eine häufige Aufgabe von Krankenhausberaterinnen.

Im Krankenhaus hat sich ein säulenförmiger Aufbau mit den drei hierarchisch gegliederten Bereichen Medizin, Pflege und Verwaltung etabliert, deren Arbeitsprozesse häufig parallel und weitestgehend unabhängig voneinander laufen. Bei speziellen Therapiebereichen wie Physiotherapie, Sozialer Arbeit und Psychologie ist dabei oft unklar, welcher dieser drei Säulen sie angehören. Verschiedene Berufsgruppen genießen ein sehr unterschiedliches Sozialprestige (die Medizin ganz oben, die Reinigungskräfte ganz unten), das sich im Krankenhausalltag häufig in Form von (fehlender) Wertschätzung und Kommunikationsmustern widerspiegelt und mit Kränkungspotential einhergeht (Krzeslo, Lebeer u. De Troyer, 2014). Dieses Kränkungspotential zu reduzieren, ist Aufgabe vieler Teamberatungsprozesse. Hierarchisch über den drei Chefs oder Chefinnen einer jeden Klinik (Chefärztin, Pflegedirektor, Verwaltungschefin) ist erst in den letzten beiden Jahrzehnten ein *Gesamtchef* etabliert worden, meist eine kaufmännische oder ärztliche Geschäftsführerin.

Arbeitswelt Krankenhaus – aktuelle Herausforderungen

In den letzten 20 Jahren stehen Krankenhäuser zunehmend unter Veränderungsdruck. Der medizinische Fortschritt ermöglicht technische Verbesserungen, die beeindruckend, aber teuer sind. Dem Kostendruck wird mit *Ambulantisierung* begegnet, wodurch zunehmend kränkere Patientinnen immer kürzer stationär behandelt werden.

Zudem schreiten Digitalisierungsprozesse voran, mithilfe derer personalintensive Besprechungen überflüssig werden sollen, die aber gleichzeitig auch den persönlichen Kontakt zwischen Behandelnden und Patienten (Arbeitskreis Ökonomie im Gesundheitswesen der Schmalenbach-Gesellschaft für Betriebswirtschaft e. V., 2018) sowie innerhalb des unmittelbaren Arbeitsteams reduzieren und teilweise mehr als Arbeitsverdichtung denn als Entlastung wahrgenommen werden (Bräutigam et al., 2017).

Es kommen Patienten hinzu, die sich medizinisch und paramedizinisch zunehmend im Internet informieren und mit anspruchsvolleren Fragen und höheren Ansprüchen auftreten (Hofmann, 2020).

Des Weiteren erzeugen regelmäßige Kontrollen durch den Medizinischen Dienst der Krankenkassen (MDK) zusätzlichen Dokumentationsaufwand für Krankenhausmitarbeitende. Erschwerend für den Arbeitsalltag ist außerdem der demografisch bedingte Fachkräftemangel: Aus dem Ausland angeworbene Kräfte verfügen häufig über begrenzte Deutschkenntnisse (Merda, Braeseke u. Kähler, 2014; Roche 2014). Dabei können Leasingkräfte als sogenannte Springer temporäre Unterbesetzung ausgleichen, sind aber gleichzeitig dem lokalen Krankenhaus meist weniger loyal verbunden (Becker, 2016; Riedlinger, Fischer, Lämmel u. Höß, 2020).

Psychische Gesundheit am Arbeitsplatz Krankenhaus

Marieke Born und Janna Küllenberg

Allgemeine Belastungen am Arbeitsplatz Krankenhaus

Psychische Gesundheit am Arbeitsplatz wird maßgeblich durch drei Aspekte beeinträchtigt (vgl. Harvey et al., 2017):
1. schlechte Arbeitsplatzgestaltung (z. B. zu hohe bzw. zu niedrige Anforderungen, atypische Arbeitszeiten, mangelnde Kontrolle),
2. Mangel an Werten und Respekt (z. B. ein Ungleichgewicht zwischen Leistungsanforderung und Anerkennung bzw. Wertschätzung, zu wenig soziale Unterstützung, Ungerechtigkeit in Beziehungen und Prozessen sowie Konflikte und Mobbing),
3. Arbeitsunsicherheit (z. B. befristete Verträge, Veränderungen im Unternehmen und Rollenstress).

Diese Faktoren begünstigen die Entstehung von psychischen Erkrankungen und stellen gleichermaßen Stellschrauben für Berater dar.

Entlang von Berichten aus verschiedenen Forschungsprojekten der Sektion mit Mitarbeitenden in Universitätskliniken und Krankenhäusern der Grund- und Regelversorgung wird deren Relevanz für den Krankenhauskontext deutlich (Mulfinger et al., 2019; Schweitzer, Born, Drews, Zwack u Bossmann, 2019; Zwack, Nöst u. Schweitzer, 2009).

1. Schlechte Arbeitsplatzgestaltung: Der ökonomische Druck führt zu der handlungsleitenden Idee »durch Zeit Geld zu sparen« (Zwack,

Nöst u. Schweitzer, 2009). Andauernde Zeitknappheit, schwindende Autonomie sowie zu hohe Leistungsanforderungen für das Krankenhauspersonal drohen als Resultat. Aufgaben werden dann etwa unter dem Motto »Augen zu und durch« abgearbeitet, Patientinnen können unter Null-Puffer-Bedingungen im ungünstigsten Fall zu Störfaktoren eines reibungslosen Ablaufs werden. Beim Priorisieren, Rationieren und beim Multitasking können zu viele offene Baustellen bei den Mitarbeitenden für ein Gefühl der professionellen Unzulänglichkeit sorgen. Schlecht zu vergütende Kommunikationsprozesse sowohl zwischen Kollegen als auch mit den Patienten drohen immer wieder der Zeiteinsparung geopfert zu werden. Die steigende Dokumentationspflicht verdichtet die Arbeit zusätzlich und kann das Gefühl der Fremdbestimmung im Arbeitsalltag verschärfen (»Ich kann nicht mal aufs Klo gehen, wann ich will«).

Die Konfrontation mit Schicksalsschlägen von Patienten und der sich anschließenden Verantwortungsfrage stellt für viele Beschäftigte eine weitere Herausforderung dar. Regelmäßige Supervisionen zur Bewältigung oder zur Klärung von Entscheidungsspielräumen finden mancherorts seltener statt. Übergabegespräche etwa fokussieren bisweilen weniger auf den Austausch von persönlichen Einschätzungen, sondern gleichen choreografierten Berichten über ohnehin notierte Fakten.

2. Mangel an Werten und Respekt: Neben dem beschriebenen Ungleichgewicht zwischen Arbeitsmenge bei vorhandenem Personal und zur Verfügung stehender Zeit, gilt das Krankenhaus immer wieder als ein Dürregebiet der Anerkennung und Wertschätzung: Insbesondere von Pflegekräften ohne Führungsverantwortung und jungen Ärzten wird ein gefährdendes Ungleichgewicht zwischen Leistungsanforderung und Wertschätzung (Bär u. Starystach, 2018; Joachim et al., 2020) beschrieben. Auch beim Vergleich von Pflegekräften mit anderen Berufsgruppen wird deutlich, dass Pflegekräfte seltener von der Unterstützung durch Vorgesetzte berichten und insgesamt nur eher selten Anerkennung und Lob seitens der Vorgesetzen erhalten (BAuA, 2020).

3. Arbeitsplatzunsicherheit. Für patientenfernere Beschäftigte im Krankenhaus kann ein zusätzlicher Belastungsfaktor in der Veränderung der Anstellungsverhältnisse durch zunehmende Ausgliederungen von Servicegesellschaften (z. B. Reinigungsdienst, Hauswirtschaftsabteilung, Zentralsterilisation, Technik) mit dem Ziel der Kostenreduktion entstehen. Diese Entwicklung hat neben beabsichtigten Personaleinsparungen und Senkungen der Lohnkosten immer wieder auch sicherlich nicht intendierte Konsequenzen, wie etwa Unterbesetzungen der Teams, erhöhte physische Anforderungen und Reduzierungen der Erholungstage für die Beschäftigen (Zuberi, 2013).

Um dem zunehmenden Rollenstress zwischen Privat- und Berufsleben zu begegnen, wird gerade von jüngeren Generationen konsequenter für einen fairen Freizeitausgleich eingetreten. Es wird infrage gestellt, sich für den Job aufzuopfern. Karrierechancen für Eltern mit kleinen Kindern werden dabei immer noch als zu marginal beschrieben.

Dilemmata im beruflichen Alltag im Krankenhaus

Besondere Belastungssituationen im Krankenhaus ergeben sich, wenn die Akteure sich bei ihren Entscheidungen vor einem unlösbaren Dilemma sehen: »Entscheiden Sie sich jetzt zwischen Handlungsoption A und B – und egal, wie Sie sich entscheiden, werden die Konsequenzen schwer zu ertragen sein.« Gefühle von Ärger, Wut, Stress, Scham, Schuld oder Resignation, aber auch des sich selbst Abwertens oder der Fremdabwertung werden häufig als unmittelbare Reaktion beschrieben (Küllenberg et al., 2021).

Im Folgenden sollen einige dieser Dilemmata skizziert werden.

Widerspruch: Ökonomie vs. Gesundheit. Ein erhebliches Dilemma gründet auf dem Widerspruch zwischen einer möglichst sorgfältigen Patientenversorgung und dem Imperativ, im ökonomischen Interesse des Krankenhauses zu handeln und Ressourcen einzusparen. Widersprüche wie die zwischen Abteilungslogiken oder zwischen Ökonomie und Versorgungsqualität (Simon, 2021) sind zwar der Normalfall in Organisationen. Verschärft werden sie im Krankenhaus jedoch durch die Existenzialität des Produkts: die Gesundheit oder sogar das Überleben von Patientinnen. Wenn der Preis der Entscheidung gegen eine Option in der mangelnden Versorgungsqualität eines Menschen liegt oder sich sogar bei einer unterbesetzen Nachtschicht unmittelbar auf das Sterben von Patienten auswirken kann, bleibt wenig Spielraum. Sollen Patientinnen also unabhängig vom Zeitaufwand bestmöglich versorgt werden oder sollen beispielsweise möglichst viele in wenig Zeit operiert und schnell entlassen werden, auch wenn das in Einzelfällen unbeabsichtigte Qualitätsminderungen mit sich bringt?

Auf individueller Ebene wird dabei auch über den eigenen Anspruch an die Arbeit entschieden. Eine Pflegekraft berichtet etwa: »Und uns macht das unzufrieden, weil wir einfach unserer Arbeit so, wie wir sie verrichten wollen, nicht gerecht werden können.« Ebenso kann die eigene Gesundheit der Mitarbeitenden in Konflikt mit der Gesundheit der Patienten geraten, wenn Schichten auch dann besetzt werden müssen, wenn die dazu eingeteilten Teammitglieder dringend Erholung bräuchten. Im unmittelbaren Bemühen, das Dilemma aufzulösen, wird z. B. versucht die fehlende Zeit durch Mehrarbeit zu kompensieren, oder Schichten werden mit Mitarbeitenden besetzt, die eigentlich frei haben.

Widerspruch: Gute Führung vs. Hohe Patientenzahlen. Auch zwischen Rollenerwartungen an Führungskräfte können sich Widersprüche ergeben. Eine Oberärztin berichtet beispielsweise, wie ihr Anspruch, eine gute Teamleitung zu sein, mit dem Managementanspruch auf möglichst hohe Patientenzahlen konfligiert: »Ich würde mir da manchmal mehr Zeit wünschen, um die Mitarbeiter aktiv besser führen zu können, mal auf die Seite nehmen, zu loben, oder bestimmte Sachverhalte nochmal zu klären – das geht nicht«.

Widerspruch: Professionen vs. Abteilungen. Erlebbar werden Dilemmata besonders an den Schnittstellen: Durch die Zusammenarbeit zwischen verschiedenen Professionen und Abteilungen drohen insbesondere unterschiedliche Professions- und Abteilungslogiken in Konflikt miteinander zu geraten. Gleichzeitig den Hygienevorgaben und dem Zeitdruck der Ärztinnenschaft im OP gerecht werden zu müssen, bringt eine Reinigungskraft beispielsweise immer wieder ins Dilemma.

Widerspruch: Private und berufliche Rollenerwartungen. Zwischen Privatleben und beruflichen Ansprüchen zu entscheiden, kann ebenso dilemmahaft erlebt werden. »Soll man sich jetzt lieber um seinen Sohn kümmern, wenn man abends auch schon müde ist – oder kümmert man sich um Abstract-Deadlines oder so, ja?«, schildert eine Oberärztin ihr Dilemma, die an einem Universitätsklinikum neben der klinischen Praxis in die Forschung eingebunden ist.

Psychische Beeinträchtigung der Mitarbeitenden

Diese Situation spiegelt sich in einem besonderen Belastungserleben von Mitarbeitenden im Kontext Krankenhaus wider (Angerer et al., 2019). Bereits vor der Corona-Pandemie wurde in einer Befragung von 35 % der vornehmlich im Krankenhaus arbeitenden Ärztinnen angegeben, sich »oft« oder »sehr oft« ausgebrannt zu fühlen; 7 % berichteten, »oft« bis »fast immer« Symptome der Depressivität zu erleben (Marburger-Bund, 2019). Auch junges ärztliches und pflegerisches Personal mit maximal sechs Jahren Berufserfahrung im stationären Krankenhausalltag beschreibt einen reduzierten Gesundheitszustand und ein Burn-Out-Risiko im Zusammenhang mit belastenden Arbeitsbedingungen (Raspe et al., 2020). Dass Menschen in Pflegeberufen verglichen zu anderen Berufen dabei deutlich häufiger psychische Beeinträchtigungen berichten, zeigen Untersuchungen im Stressreport Deutschland (BAuA, 2020, S. 141): Pflegekräfte gaben deutlich häufiger an, an die Grenze ihrer Leistungsfähigkeit gehen zu müssen. Zudem war der Anteil von Personen mit mindestens drei psychosomatischen Beschwerden unter dem Pflegepersonal mit 62 % erheblich höher im Vergleich zu Angaben anderer Berufsgruppen der Untersuchung (40 %). Auch in einer Studie, in der ärztliches, pflegerisches und administratives Personal im Krankenhaus mit Angestellten in anderen Branchen verglichen wurden, gab das Krankenhauspersonal signifikant häufiger an erschöpft zu sein (Schmid, Drexler, Fischmann, Uter u. Kiesel, 2011).

Die Folgen der erheblichen Beeinträchtigungen der psychischen Gesundheit von Mitarbeitenden am Arbeitsplatz Krankenhaus sind nicht nur betriebswirtschaftlich relevant, sondern können sich auf die Patientensicherheit, Versorgungsqualität und Patientenzufriedenheit auswirken (Aiken et al., 2012; Panagioti et al., 2018). Als individuelle Lösungsstrategie werden sowohl in der Pflege als auch bei ärztlichen Angestellten eine Abwanderung ins Ausland oder in andere Berufe festgestellt (Hartog, 2019; Pantenburg, Kitze, Luppa, König u. Riedel-Heller, 2018), was den Personalmangel zunehmend verschärft.

Die systemische Beratung

Teamberatung im Krankenhaus wirksam ausrichten

Julika Zwack und Frauke Ehlers

Im Zentrum von Teamberatung steht stets die Frage: Was braucht es für eine gelingende Zusammenarbeit? Dabei ist der Status quo des Miteinanders aus systemischer Perspektive stets Ausdruck bisheriger Lösungsversuche und bewährter Bewältigungsstrategien. Er stellt so ungeachtet der Verbesserungspotentiale immer auch ein »lokales Optimum« dar (vgl. Luhmann, 2011), in dem unterschiedlichen Bedürfnissen Rechnung getragen wird. Aus dem Spannungsfeld multiprofessioneller Interessenslagen und Anforderungen entstehen in Krankenhausteams individuelle und interpersonelle Wechselwirkungen, die zu einem Muster gerinnen: »So läuft das bei uns.« Auch wenn das bestehende Muster für einzelne oder auch mehrere Beteiligte leidvoll ist, gilt stets: es ist Ausdruck von »Stabilisierungsleistungen« (vgl. Rüegg-Stürm, 2007).

Das Krankenhaus als eine »high reliability«-Organisation (vgl. Weick u. Sutcliffe, 2016) ist darauf spezialisiert, kritische Abweichungen zu minimieren und Schaden abzuwenden. Entscheidend ist zunächst das Überleben der Patienten. Ob sie sich im Krankenhaus wohlgefühlt haben, hat vergleichsweise wenig Bedeutung. Es überrascht daher nicht, wenn die meisten Krankenhausteams gerade in *akuten* Krisensituationen gut zusammenarbeiten. Der Behandlungserfolg in kritischen Situationen wird dabei oft der Fachkenntnis und Erfahrung einzelner Akteure (z. B. der erfahrenen Operateurin, der erfahrenen Intensivpflegekraft) zugeschrieben. Aus diesen krankenhaustypischen Herausforderungen lässt sich auch die Neigung verstehen, eher auf Personen als auf Prozesse zu vertrauen (»Wenn ich mit Gabi in der Schicht bin, läuft es« vs. »Alle halten sich an Ablauf X«). Aus dem natürlichen Fokus auf Gefahrenabwehr und Risikominimierung ergibt sich vielerorts weiter eine geringe Affinität bzw. ein subjektiv wie objektiv geringer Spielraum zur Veränderung von Abläufen (»Wenn wir an dieser Stelle drehen, kollabiert X – und das können wir uns nicht leisten«).

Für die Beratung von Teams im Krankenhaus erscheint uns hilfreich, diese Dynamiken wertschätzend im Bewusstsein zu halten. Wirksame Veränderungen in der Zusammenarbeit zu initiieren, heißt in ein fragiles System zu intervenieren. Wie dies gelingen kann, ist Gegenstand dieses Kapitels.

Das Setting – die wichtigste Intervention

Teamberatung im Krankenhaus ist in der Regel Beratung von multiprofessionellen und hierarchieübergreifenden (Groß-)teams.

Jede Profession bringt ihre eigenen Erfolgskriterien und Überlebensstrategien mit und nicht selten bedeutet ein Entlastungsversuch für die eine (z. B. »Abkürzung der Visite«) gleichzeitig Mehrbelastung für die andere (z. B. »Rückfragen aufgrund fehlender Informationen«). Um bisherige Lösungsversuche im Umgang mit ethischen, organisationalen oder kommunikativen Fragen sinnvoll reflektieren und gegebenenfalls auch neu gestalten zu können, müssen die zu beratenden Teams als *entscheidungsfähige Gremien* zusammengesetzt sein. Beratung kann nur so nützlich werden, wie das Setting Wirksamkeitserfahrungen ermöglicht. Es empfiehlt sich deshalb, die Durchführung der Teamberatung davon abhängig zu machen, dass die für die Anliegen entscheidenden Personen-(gruppen) anwesend sein können. Schichtbetrieb, kathartische Ideen (»Supervision als Ort, wo sich Subgruppe A ruhig mal ohne Leitung/Subgruppe B aussprechen darf«) und Zeitnot (»Die Oberärztin versucht dazuzukommen, wenn die Zeit es zulässt«) sind daher die größten Hindernisse für ein wirksames Beratungsformat. Hilfreich kann es sein, im Vorfeld die Themenschwerpunkte in Rücksprache mit Leitungskräften festzulegen und lieber weniger, dafür aber möglichst vollständig besetzte Sitzungen zu vereinbaren. Wenn Anliegen und Setting nicht zusammenpassen, ist es oft klüger auf Beratung zu verzichten, als gemeinsam eine Erfahrung von »Beratung bringt auch nichts« zu kreieren.

Damit sich Beratungssystem und Realraum strukturell koppeln (also Teamberatung einen spürbaren Unterschied im Arbeitsalltag der klinischen Einheiten macht), lauten wichtige vorbereitende Fragen:
- Wer muss zusammenkommen, damit über die relevanten Themen und Fragen nicht nur *gesprochen,* sondern auch *entschieden* werden kann?

Und, sollte die für die Zielsetzung der Beratung notwendige Zusammensetzung nicht möglich sein:
- Was können und wollen die beieinander Sitzenden *entscheiden* – und zwar kollektiv bindend?
- Und welche Themen können unter den Anwesenden zwar angesprochen, aber nicht entschieden werden? Macht es unter diesen Bedingungen überhaupt hinreichend Sinn, sie zu besprechen?

Das Krankenhaus als Ort unauflösbarer Widersprüche

Wie alle Organisationen sind auch Krankenhäuser auf unauflösbaren Widersprüchen aufgebaut (Simon, 2021; Luhmann, 2011). Am einzelnen Patienten und in der konkreten Zusammenarbeit der Professionen treffen diese Widersprüche oft mit Wucht aufeinander: Wieviel Reanimationen sind noch menschenwürdig? Wieviel postoperative stationäre Behandlungstage können wir tolerieren, ohne unrentabel zu werden? Wer oder was hat Priorität: die noch angeschlagene Patientin, die sich bereits auf Station befindet oder der Patient, der dringend auf Aufnahme wartet? Das Vorantreiben der Forschungsprojekte oder die Durchführung von Angehörigengesprächen?

Häufig und schnell werden aus diesen strukturellen Widersprüchen (siehe auch das Kapitel »Krankenhäuser verstehen«) personalisierte Konflikte. Alles wäre nur halb so schlimm, wenn die jeweils andere Berufsgruppe und/oder Hierarchieebene nicht so »unzuverlässig, geldgierig, ignorant …«, wäre, wie sie zu sein scheint. Teams profitieren in der Regel stark von einer Entpersonalisierung dieser Dynamiken: Unterschiedliche Fachbereiche und Professionen entstehen überall dort, wo die Widersprüche innerhalb einer Funktion zu groß werden. Spannungsfelder aus medizinischer Machbarkeit und Prioritätensetzung, ökonomischer Rentabilität und pflegerischer Versorgungsqualität werden auf mehrere Schultern verteilt, verschwinden dadurch jedoch nicht aus der Welt. Um sinnvoll bearbeitbar zu werden, müssen sie erst einmal als das erkennbar werden, was sie sind: Strukturell nie gänzlich auflösbare Widersprüche, an denen niemand schuld ist, die jedoch möglichst gemeinsam ausgehalten und verantwortet werden müssen. Dies gelingt umso besser, je weniger Energie in *Personalisierung* (»Typisch X!«) und *Polarisierung* (»Dafür sind wir nicht zuständig …!«) fließt.

Hilfreich ist hierfür die Identifikation
- der jeweils unterschiedlichen Kriterien von Erfolg und Wirksamkeit der Beteiligten: »Wir sind erfolgreich/zufrieden, wenn …?«
- der größten bzw. spannungsreichsten Widersprüche, die in der gemeinsamen Arbeit angelegt sind: »Was tragen wir an strukturbedingten Unvereinbarkeiten miteinander aus?«

– der bisherigen Versuche, diese Widersprüche auszuhalten und zu verhandeln: »Wie machen wir das im Moment? Was ermöglicht, was verhindert dies? Woran würden wir einen bestmöglichen Umgang mit den gegebenen Spannungsfeldern erkennen?«

Indem Widersprüche in dieser Weise anerkannt, normalisiert und entpersonalisiert werden, steigt die Chance, gemeinsam verantwortete Balancen zu entwickeln.

Rette sich wer kann!? – Entsolidarisierungskreisläufe unterbrechen

Zu den größten verschärfenden Ursachen organisationaler Widersprüche gehört der Zeitdruck. Er stellt sicher auch den größten Treiber für Entsolidarisierungsprozesse im Team dar, denn: Unter Zeitdruck verarmt die Kommunikation, wir suchen nach Abkürzungen und schneller Erleichterung (Zwack, Nöst u. Schweitzer, 2009). Dies hat Auswirkungen auf die Frage, wie viel Zeit und Energie die Mitglieder eines Teams in gemeinsam getragene Ziele investieren und ob die Zusammenarbeit als tragfähig und vertrauenswürdig erfahren wird. In vielen belasteten Teams entsteht rasch ein Kreislauf aus Effizienzdruck, einem Fokus auf die Versorgung kurzfristiger und individueller Bedürfnisse, einer daraus resultierenden Schwächung der Gemeinschaft, rückläufigem Vertrauen in dieselbe und weiterem Einzelkämpfertum (vgl. Abb. 1).

Derartige Abwärtsspiralen als plausible Lösungsversuche mit dysfunktionalen Auswirkungen sichtbar zu machen (»Wie ziehen wir einander – ohne es zu beabsichtigen – nach unten?«) ist der erste wichtige Schritt. Der zweite ist die Initiierung von interaktionellen Aufwärtsspiralen: »Durch welche oft kleinen Gesten, Aufmerksamkeiten und Investitionen erzeugen wir miteinander die Erfahrung von Zusammenhalt?«.

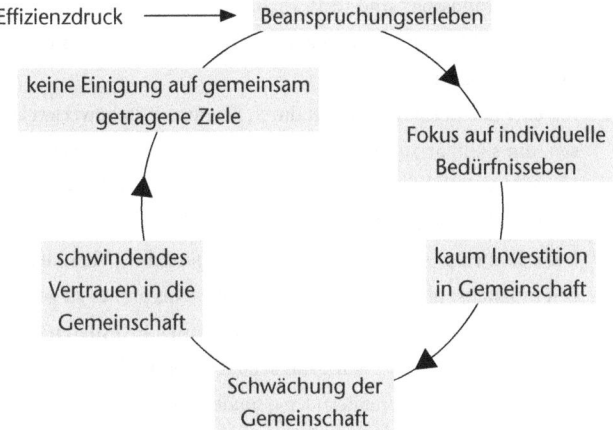

Abb. 1: Kreislauf aus Effizienzdruck und Entsolidarisierung (Quelle: eigene)

Beratung als Reflexionsraum etablieren für das, was (trotzdem bzw. noch) gelingt

Wie an anderer Stelle auch, so lässt sich auch im Krankenhaus vielerorts eine Fokussierung der Kommunikation auf das feststellen, was nicht (mehr) oder nicht gut genug funktioniert. Besprechungszeiten sind knapp – und werden sowohl klinisch als auch organisatorisch vorwiegend zur Besprechung besonders kritischer Fälle verwendet. Teamberatung stellt eines der wenigen Zeitfenster dar, sich der eigenen Leistungen, der Ressourcen, Stärken und Fähigkeiten der einzelnen, aber vor allem auch des Miteinanders im Team bewusst zu werden und diese zu stärken.

Bewährt haben sich folgende Ansatzpunkte:
1. In der Beratung gemeinsam herausarbeiten, welche Themen bearbeitbar (z. B. Arbeitsabläufe, Kommunikation) und welche nicht beeinflussbar sind (z. B. Fachkräftemangel) und dann auf den bearbeitbaren Anteil fokussieren (z. B. der *Umgang* im Team mit dem Fachkräftemangel).
2. Aspekte der Zusammenarbeit durch Skalierungen bewerten lassen, um sichtbar zu machen, dass und wo noch Luft nach oben ist (»wir stehen bei 5 von 10«), aber manches auch klappt (»wir stehen bei 5 und nicht auf 0«).
3. Die erhofften positiven Auswirkungen angestrebter Veränderungen möglichst plastisch werden zu lassen: Was gibt es zu gewinnen, wenn wir gemeinsam in Zusammenarbeit investieren? Und warum denken wir, dass wir das schaffen können?
4. Nicht nur dem »zu Verändernden«, sondern auch dem »zu Bewahrenden und bereits gut Funktionierenden« Raum geben; z. B.:
    a) dazu einladen, sich über gelingende Beispiele der Zusammenarbeit auszutauschen;
    b) Wertschätzung im Hier und Jetzt unmittelbar auszudrücken (»Wofür möchte ich im Hinblick auf die letzten vier Wochen Danke sagen?«);
    c) zu reflektieren, wie das Team Zeiten besonderer Herausforderungen bewältigt hat und welche »Auszeichnung« es sich dafür selbst aussprechen möchte.

Es gibt nichts Gutes, es sei denn, man tut es – Voraussetzungen für Transfer schaffen

Im starken Kontrast zur Faktizität der oft harten Rahmenbedingungen im Krankenhaus sind Beraterinnen in der Regel mit wenigen Einflussmöglichkeiten ausgestattet. Sie bringen eine gewisse Anzahl von begrenzten Zeitfenstern mit, schaffen Raum zum Zuhören, Bündeln und Bewusstmachen von Themen und Handlungsoptionen – nicht weniger, aber eben auch nicht mehr.

Beratung ist eine Sondersituation. Der Realraum, also die betriebliche Wirklichkeit dort draußen außerhalb des Beratungsraumes mit all ihren Notwendigkeiten und Dringlichkeiten bleibt für die Zeit der Beratung draußen (sieht man mal ab von Unterbrechungen durch den Stationspiepser oder das Handy der Oberärztin). Die Tatsache, dass etwas im Beratungsraum besprochen wird, reicht häufig nicht, um Veränderungen herbeizuführen. Beratungssystem und Realraum können erstaunlich lange ungestört nebeneinanderher existieren: Man müsste, sollte, könnte mal – und man tut es nicht. Nach einigen Sitzungen ist dann gemeinsam bewiesen, »dass auch Teamberatung nichts bringt«. Um diesem Scheiternspotenzial entgegenzuwirken, sind neben der kritischen Prüfung der Setting- und Themenfrage (s. o.) folgende Fokusse hilfreich:

1. Sehr handlungsorientiert arbeiten (»Wer verpflichtet sich zu welchem konkreten Beitrag zur Veränderung des Miteinanders?«) und Ergebnisse schriftlich festhalten (»Kein Schreien, kein Anbrüllen im OP«).
2. Sorge dafür tragen, dass die in der Teamberatung getroffenen Entscheidungen in die Kommunikationsplattformen des Realraums Eingang finden: Welche Austauschforen gibt es im Team, in denen das in der Beratung Thematisierte weiter beobachtet, entschieden oder diskutiert werden soll?

3. Beobachtungsrituale und Beobachter etablieren, die im Hinblick auf angestrebte Veränderungen auch im Alltag Reflektionen anregen und Rückmeldung geben (z. B. am Ende jeder Stationsbesprechung eine kurze Skalierung erfragen: »Wie zufrieden sind wir mit Prozess und Ergebnis heute?« und die Frage stellen: »Und was machen wir nächste Woche wieder so, was anders?«).
4. Das gesamte Team über die Ergebnisse der Beratung informieren, z. B. durch Einsatz von Ergebnisprotokollen oder durch Benennung von Personen, die die nicht an der Teamberatung Beteiligten – ggf. auch individuell – über die Ergebnisse informieren. In Großteams kann es darüber hinaus nützlich sein, sowohl den Ist-Zustand als auch mögliche Veränderungen mit Hilfe von selbstentwickelten, anonym ausgewerteten Checklisten repräsentativ abzufragen (»85 % auf Station sind der Meinung, dass der Informationsfluss verbesserungswürdig ist«; »68 % erleben die Stationsbesprechung als effektiv«).

Beispiel: Eine Station soll nach Chefarztwechsel eine konzeptionelle Neuausrichtung erfahren. In diesem Zusammenhang brechen alte Probleme, insbesondere bzgl. des Informationsflusses zwischen Pflegekräften, Sozialarbeitern, Ärztinnen und Psychologen neu auf. In der Supervision sammeln wir zunächst Antworten auf die Fragen:
- »Welche Probleme müssen wir in der nächsten Zeit lösen, um unsere Arbeit gut machen zu können?«
- In einem zweiten Schritt bitten wir um ein Ranking der Erfolgsaussichten: »Für wie wahrscheinlich halten Sie es, dass Sie dieses Problem in den Griff bekommen bzw. die hierfür angedachten Schritte umsetzen und auch in sechs Monaten noch beibehalten werden?«

Einigen Problemen wird eine deutlich höhere Lösungswahrscheinlichkeit zugeschrieben als anderen. Wir entscheiden, uns nur um die Pro-

bleme und Maßnahmen zu kümmern, denen eine Mehrheit Erfolgsaussichten zuschreibt (»Woran hier niemand glaubt, damit sollten wir uns nicht aufhalten«). Für diese Maßnahmen suchen wir »Paten«:
- »Wer treibt das Thema voran bzw. entwickelt gemeinsam mit anderen Lösungsideen, die wir beim nächsten Mal hier diskutieren?«

Diese und andere, dem Projektmanagement nahestehende Instrumente und Interventionen erweisen sich im stark belasteten Stationsalltag als zentral für jeglichen Transfer.

Chirurgie ist nicht Psychiatrie – fächer- und professionsspezifische Arbeits- und Kommunikationskulturen im Blick haben

Durch alle Ansätze hindurch macht es Sinn, fächer- und professionsspezifische Unterschiede in der Zusammenarbeit zu berücksichtigen. Eine bestimmte Art der Kernarbeit (also derjenigen Arbeit, die dieses Fach oder diese Berufsgruppe von anderen am striktesten unterscheidet) geht mit typischen Mustern, Verhaltensregeln und Sprachcodes einher. Typische Kommunikationsmuster in der Kernarbeit wiederum zeigen sich auch im Kommunikationsraum der Beratung.

So sind Professionen in der sogenannten sprechenden Medizin (wie z. B. Psychiatrie, Psychosomatik) gewohnt, viel Zeit in Gespräche mit den Patientinnen zu investieren, aber auch in das Team. Die multiprofessionelle Zusammenarbeit und deren Bedeutung für einen Behandlungserfolg sind dort häufig stärker im Bewusstsein verankert als in anderen klinischen Fächern. Zwei Stunden miteinander zu sprechen und hierbei ggf. auch das eigene Befinden oder den Umgang miteinander zu reflektieren, ist Bestandteil des alltäglichen Arbeitsgeschehens, Supervision oft ein reguläres Reflexionsformat.

Ganz anders in der Welt der Operationen: Auch hier macht allein schon die Anwesenheit verschiedener Berufsgruppen im OP-Saal sichtbar, dass Operieren eine Kooperationsaufgabe ist (z. B. zwischen Chirurgie, Anästhesie, OP-Technischer und Anästhesie-Technischer Assistenz). Die Kommunikationsmuster sind jedoch typischerweise weit hierarchischer ausgebildet, nicht zuletzt auch aufgrund der Notwendigkeit schneller Entscheidungen. Der gesamte Arbeitsablauf ist darauf fokussiert, so wenig Zeit wie möglich vor oder nach einer OP zulasten der wertvollen Zeit für die OP selbst zu verbrauchen. Während die einen Professionen noch mit der Beendigung einer OP beschäftigt sind, sind die anderen bereits auf dem Weg zur nächsten OP. Besprechungen finden vorwiegend aus organisatorischen Gründen (z. B. OP-Einteilung) statt und zeitlich so minimiert wie möglich. Kommunikation mit dem Ziel der Reflektion des eigenen Handelns oder der Zusammenarbeit, findet daher selten und wenn, eher anlassbezogen statt routinemäßig und meist *fehler-getriggert;* Supervision oder Teamberatung nur dann, wenn es unbedingt sein muss. Erfahrungsgemäß tun sich die Teilnehmenden leichter mit einer schnellen, ergebnis- und lösungsorientierten und wenig selbstbezüglichen Vorgehensweise.

Was bedeutet das für die Beratung? Die feldspezifischen Charakteristika zu kennen, kann helfen, sie zu ent-personalisieren und weder der eigenen noch den anderen Personen zuzuschreiben: Als Berater erleben wir – für uns vielleicht ungewohnte – Kommunikationsstrategien, die sich aber an anderer Stelle bewährt haben, sonst wären sie nicht da. Der Blick auf die spezifische Kommunikationskultur ermöglicht zudem, ganz bewusst zu entscheiden:

- Will ich den Beratungsprozess besonders anschlussfähig ausrichten (z. B. »Einen klaren Ergebnisfokus von Anfang an festlegen«)?
- Oder will ich gezielt einen Unterschied zur üblichen Praxis machen (z. B. im OP-Team nicht zuerst den Chefarzt nach seinen The-

menwünschen fragen, sondern eine anonyme Themensammlung durchführen und in der Sitzung ein bewusst langsames Tempo wählen)?

Erfahrungsgemäß setzt wirksame Beratung beides voraus – den bewusst gewagten kleinen Kulturbruch wie auch ein Andocken an bewährte Arten des sich Beziehens.

Fazit

Von Johannes Paul XXIII ist der Satz überliefert: »Ich will mich heute vor zwei Übeln hüten, vor der Hetze und der Unentschlossenheit.« Dieser sicherlich für viele Bereiche nützliche Vorsatz, dient auch als Leitschnur für beraterisches Handeln im Krankenhaus. Es gilt, sich von der Hektik des medizinischen Alltags und seinen Notwendigkeiten nicht überrollen zu lassen, sondern entschlossen für eine Gestaltung des Beratungssettings einzutreten, die wirksame Kommunikation erst ermöglicht. Es gilt, zu verlangsamen und Räume zu schaffen für die Würdigung der bestehenden Überlebensstrategien und Leistungen unter oft schwierigsten Rahmenbedingungen: Was wird trotz allem jeden Tag geschafft und welche Kompetenz zeigt sich darin? Indem wir das Strukturelle (»In welchen Spannungsfeldern hantieren wir? Mit welchen Rahmenbedingungen müssen wir umgehen?«) vom Persönlichen (»Auf X ist kein Verlass«; »Die Abteilung Y denkt einfach nicht mit«) trennen, können wir Teufelskreisen aus Polarisierungen und Personalisierungen entgegenwirken. Und indem wir die Selbstbeobachtung und Entscheidungsfähigkeit von Teams befördern, können wir einen kleinen Beitrag dazu leisten, dass nicht nur die Arbeit am Patienten, sondern auch das Miteinander Gesundheit und Sinnerleben der Beteiligten befördern.

Konfliktmoderation und -mediation im Krankenhaus

Kirsten Bikowski und Frauke Ehlers

Die Konfliktpotentiale in der Zusammenarbeit von Mitarbeitenden und Teams im Krankenhaus sind immens. Unterschiedliche Perspektiven auf die Patientenversorgung zu gemeinsam getragenen Entscheidungen zusammenzubringen, und das in Zeiten von Fachkräftemangel, schnelleren Arbeitsabläufen, erhöhter Arbeitsbelastung und weiteren Akzeleratoren, stellt eine enorme Herausforderung dar (siehe auch die Kapitel »Krankenhäuser verstehen« und »Teamberatung«). Umso erstaunlicher scheint es, dass die meisten Krankenhäuser wenig Zeit für die Besprechung, Klärung und Reflexion der Zusammenarbeit in Teams investieren. Die Teamgrößen nahm im Zuge der Zusammenlegung von Stationen oder klinischen Einheiten zu größeren Behandlungsbereichen zu – nicht selten gehören über 50 Mitarbeitende, manchmal sogar mehr als 100 Mitarbeitende zu einem Team. Die Zeit für Besprechungen hingegen hat sich in den letzten Jahren deutlich reduziert – oft nur einmal im Quartal – und sind auch strukturbedingt eingeschränkt, da immer nur ein Teil, eine Subgruppe des Teams anwesend ist. Reguläre Reflexionsformate wie zum Beispiel Supervision sind oftmals den klinischen Bereichen vorbehalten, bei denen diese eine Vorgabe zur Leistungserbringung bzw. -abrechnung sind (z. B. Palliativbehandlung) oder die traditionell eng mit der psychosozialen Fachausrichtung verbunden sind (z. B. Psychiatrie, Psychosomatik, Psychoonkologie).

In den meisten klinischen Einheiten besteht hingegen eine Dysbalance aus hohem Konfliktpotential bei gleichzeitig geringer Zeit für Konfliktprävention. Je nach Eskalationsstufe (Glasl, 2014a,b) können Parteien selbstständig Konflikte durch Gespräche lösen. Bei stärker eskalierten Situationen ist es aber manchmal sinnvoll, Beratung oder Konfliktmoderation hinzuzuholen. Meistens wird Beratung angefragt, wenn die eigenen Lösungsmöglichkeiten erschöpft sind und die Parteien schon Dritte für ihre persönliche Unterstützung hinzugezogen haben, das heißt der Konflikt sich ausgeweitet oder schon chronifiziert hat.

Im Krankenhaus gibt es für Mitarbeitende oder Teams verschiedene Anlaufstellen, die Unterstützung anbieten, wie zum Beispiel die Sozialberatung, psychologische Beratung, Gleichstellungsbeauftragte, der Betriebsärztlicher Dienst, die Personalabteilung oder der Personal- oder Betriebsrat, je nachdem, wie die Thematik des Konfliktes gelagert ist und welche Erfahrungen und Erwartungen die Mitarbeitenden haben. Ergänzend kann auch die Inanspruchnahme einer externen Beratung hilfreich sein, gerade wenn die Allparteilichkeit gefährdet sein könnte.

Auch wenn Krankenhäuser zunehmend dazu übergehen, eigene Stellen für Konfliktberatung zu etablieren, entweder in den eigenen Abteilungen (Bikowski, Weigand, Ditzen u. Schweitzer, 2021) oder zentral angesiedelt, kommt es häufig erst dann zur Inanspruchnahme von Beratung, wenn die Konfliktdynamik ausgeprägt und weit fortgeschritten ist. In diesem Kontext benötigt es professionelle Unterstützung, um miteinander zu klären, ob eine Lösung des Konfliktes gemeinsam angestrebt wird, oder eine Alternative dazu angedacht werden sollte.

Konfliktanfragen können sich auf die Zusammenarbeit innerhalb von Teams – entweder interprofessionell oder oft auch innerhalb einer Profession (z. B. in der größten Berufsgruppe der Pflege) – oder auf die Zusammenarbeit zwischen Führungskräften und Teams oder einzelnen Mitarbeitenden beziehen. Typische Anliegen sind Wünsche nach einer Verbesserung der Umgangsformen und Kommunikation, eine Andersverteilung und Reduktion der Arbeitsbelastung, die Erfüllung von Erwartungen an Mitarbeitende bzw. Führungskräfte. Da ein hoher Anteil des Konfliktpotentials auf strukturbedingte Widersprüche zurückgeführt werden kann (siehe auch Kapitel »Teamberatung«) halten wir eine klare Unterscheidung zwischen struktur- und personenbedingtem Konfliktgeschehen für sehr bedeutsam.

In diesem Kapitel beschreiben wir beispielhaft zwei Beratungsfälle, um unsere typische Herangehensweise in der systemischen Konfliktberatung zu skizzieren.

Fallvignette 1: Konfliktberatung »Multiprofessionelle Zusammenarbeit im OP-Team«

Anfrage und Auftragsklärung:

Die OP-Leitung fragt eine Konfliktberatung mit dem multiprofessionellen OP-Team einer Fachdisziplin an. Diese besteht aus Chirurginnen und OP-Pflegekräften, Anästhesistinnen und Anästhesiepflegekräften sowie Operations- und Anästhesietechnischen Kräften (OTA und ATA).

Als Anlass werden Probleme in der Zusammenarbeit auf mehreren Ebenen benannt, die zu vielen Beschwerden von Mitarbeitenden und aktuell zu zwei Kündigungswünschen geführt haben. Genannt werden: »unzumutbare Arbeitsbelastung der OP-Pflege durch eine OP-Planung, die die vorhandenen Personalressourcen zu wenig berücksichtigt«, »Unterbrechungen der Anwesenheit von OP-Pflege, was zu Verzögerungen im OP-Betrieb, aber auch zu potentiellen Qualitätsproblemen für Chirurgen beitrüge«, vor allem aber »ein unterirdischer, respektloser Umgangston«.

Im Rahmen eines gemeinsamen Auftragsklärungsgesprächs mit dem Chefarzt der Fachdisziplin, der Pflegedienstleitung sowie der OP-Leitung wird festgelegt, dass zunächst drei Beratungstermine jeweils mit einer Dauer von zwei Stunden stattfinden. Das Zeitfenster von 17 bis 19 Uhr wird so gewählt, dass es im unmittelbaren Anschluss an das regulär geplante OP-Tagesprogramm liegt. Als Ziel wird festgelegt, Regelungen zu erarbeiten, die verbindlich umgesetzt werden.

Beratung:

Sitzung 1: Es erfolgt eine Reflexion der Ausgangssituation und Zusammentragen der Handlungsfelder aus Sicht der verschiedenen Professionen.Der Einstieg in die Bearbeitung eines ersten Handlungsfeldes geschieht im Anschluss.

Vorgehen:
- Die Beteiligten stellen sich nach ihren verschiedenen Professionen auf und benennen während eines wechselseitigen Perspektivwechsels die besonderen Herausforderungen der jeweiligen OP-Tätigkeit und der Zusammenarbeit mit den jeweiligen anderen Professionen.
- Die Beteiligten tragen zusammen, was gemäß ihrer Profession als »weiter so« und was als »anders« erwünscht ist (jeweils drei bis fünf auf Karten notierte Aspekte).
- Im Anschluss präsentieren sie alle »weiter so«-Karten, danach die »anders«-Karten
- Die Bearbeitung eines ersten Handlungsfeldes, in diesem Fall »OP-Planung«, wird festgelegt.

Ergebnisse (Auswahl):
- Als gemeinsame Stärken (»weiter so«) werden zum Beispiel genannt: hohe fachliche Kompetenz des Teams, Verlässlichkeit im Einspringen bei personellen Ausfällen.

- In den Haupthandlungsfeldern liegt ein breites Spektrum an Verbesserungswünschen bezüglich der Abstimmung der OP-Planung, Ablauforganisation, Kommunikation, Umgangsweisen und Fehlerkultur vor.
- Neuregelungen zur OP-Planung werden erarbeitet wie z. B.: Verständigung auf den Umfang und die Einteilung der personellen Ausstattung im Pflegedienst für die verschiedenen OP-Säle; verbindliche Festlegung, dass die aktuelle personelle Besetzung bei der finalen OP-Planung und Entscheidung über die OP-Auslastung in der Frühbesprechung berücksichtigt wird; Festlegung weiterer Kriterien für die OP-Planung (z. B. hohe personelle Konstanz in einem Saal).

Sitzung 2: Vereinbarungen zur Verbesserung der Ablauforganisation und Qualitätssicherung werden getroffen.

Vorgehen:
- Es erfolg ein moderiertes Gespräch mit Kombination aus Plenums- und Kleingruppendiskussion.
- Vereinbarte Regelungen werden inhaltlich vorstrukturiert, im Anschluss an die Sitzung von zwei Beteiligten ausformuliert und als Diskussionsvorschlag für die nächste Sitzung an das Team versendet.

Ergebnisse (Auswahl):
- Regelungen zur Gewährleistung von mehr Ruhe insbesondere während anspruchsvoller Operationen (z. B. Ausschilderung komplexer Operationen an Ein- und Ausgängen) werden festgelegt.
- Regelungen zu einzelnen Abläufen mit Konfliktpotential (wie z. B. klare Zuständigkeiten für die Zählkontrolle von Material am Ende der OP) werden festgelegt.

Sitzung 3: Vereinbarungen zur Verbesserung der Kommunikation, Festlegung von Vorgehensweisen im Sinne einer wertschätzenden und produktiven Fehlerkultur und zur Rückmeldung von Kritik an der Versorgungsqualität werden getroffen.

Vorgehen:
- Die Ergebnisse der letzten Sitzung werden verbindlich angenommen.
- Die Entwicklung der Zusammenarbeit wird zurückgemeldet.
- »Spielregeln für den Umgang miteinander« werden erarbeitet und schriftlich festgehalten.

Ergebnisse (Auswahl):
- »Nach jeder OP wird ein Team-Timeout mit allen beteiligten Berufsgruppen durchgeführt, um die Zusammenarbeit kurz zu reflektieren und abzustimmen.«
- »Rückmeldungen von Kritik oder Fehlern erfolgen direkt und möglichst unmittelbar an die betreffende Person. Auf Unzulänglichkeiten wird in höflicher Art und Weise aufmerksam gemacht und um Abhilfe gebeten.«
- »Sollte es während einer Operation zu Konflikten zwischen den Beteiligten kommen, werden diese umgehend nach der Operation unter den Beteiligten besprochen. Wenn dies nicht unmittelbar möglich ist, wird Gesprächsbedarf angemeldet und die Beteiligten besprechen sich zeitnah. Sollte es nicht möglich sein, die Konflikte in gegenseitigem Verständnis auszuräumen, werden in einem nächsten Schritt die Bereichsleitung bzw. Oberärzt:innen hinzugezogen, in einem dritten Schritt die Pflegedienstleitung und Ärztliche Direktion.«

In der letzten Sitzung wird eine deutliche Verbesserung der Zusammenarbeit und eine hohe Zufriedenheit mit der Beratung zurückgemeldet. Als Erfolgsfaktoren werden benannt: die »Vereinbarung konkreter Neuregelungen und verbindlicher Ergebnisse«, die »personenunabhängige sachliche Diskussion«, die »Förderung des wechselseitigen Verständnisses für die verschiedenen Perspektiven der Professionen«, die Erkenntnis, dass »die Konflikte nicht auf uns als Personen zurückzuführen waren, sondern auf das Fehlen von Kommunikation und Abstimmung«. Abschließend wird festgelegt, zukünftig einmal im Quartal eine gemeinsame Teambesprechung zur Zusammenarbeit ohne externe Beratung abzuhalten.

Fallvignette 2: Teamauflösung als Konfliktlösung

Anfrage und Auftragsklärung:
Eine Teamleitung bittet um unterstützendes Coaching, da sie sich mit den ständigen Streitereien, Vorwürfen und Intrigen in ihrem Team überfordert fühle.

Das Team besteht seit 18 Jahren, sie hat die Leitung vor drei Jahren übernommen, die Konflikte bestehen aber schon seit mindestens 15 Jahren. Es gab zuvor keine Leitung im Team, so dass eine erfahrene Mitarbeiterin informell die Leitung bei sich gesehen hatte, was aber nicht von allen im Team akzeptiert wurde. Inzwischen nehmen die Kontrollen der Arbeit der Kolleginnen untereinander, das Aufzeigen von Fehlern bei ihr als Leitung und der Streit untereinander fast die gesamte Arbeitszeit ein. Die Arbeitsleistung des Teams ist stark zurückgegangen und so nicht mehr vertretbar. Sie selbst als Leitung traut sich nicht mehr auf den Flur, da sie fürchtet, dort ihre Mitarbeitenden zu treffen, die sie mit Anklagen über die Kolleginnen geradezu überschütten.

Im Erstgespräch äußert sie den Wunsch nach einem Führungskräftecoaching, um ihre Rolle als Leitung besser ausführen zu können und um Ideen zu entwickeln, wie sie mit der Situation für das Team besser umgehen könnte.

Hypothesen und Fragestellungen, mit denen die Beraterin in diesen Fall hineingeht:
- Wo lohnt es sich miteinander zu kämpfen?
- Was gibt es zu gewinnen?
- Was hält die Mitarbeitenden in dieser Situation?
- Hat sich der Konflikt sich schon verselbständigt?
- Was würde passieren, wenn der Konflikt nicht mehr da wäre?

Beratung und Coaching:

Phase I – Führungskräftecoaching

In einer ersten Phase werden in drei Einzelsitzungen die Rolle der Leitungskraft, ihr Führungsverständnis und ihre Handlungsmöglichkeiten betrachtet. Sie entwickelt Ideen, wie sie mehr Struktur und Führung für das Team umsetzen könnte, so dass das Team sich sicherer fühlt. Im nächsten Schritt evaluiert sie mit der Beraterin, wie weit der Konflikt bereits eskaliert ist und ob »nach 15 Jahren Kampf« noch Chancen auf eine gemeinsame Basis für das Team bestehen.

Phase II – Evaluation der Situation mit dem Team:

Dazu finden nun Einzelgespräche mit den anderen Mitarbeitenden des Teams mit der Beraterin statt, um den Verletzungen und dem Sicherheitsbedürfnis einen Raum zu geben.

Es zeigt sich, dass das Vertrauen und die Offenheit für einen Neuanfang nach dieser langen erschöpfenden und verletzenden Zeit für die Mitarbeitenden nicht mehr ausreichend vorhanden scheinen, die Positionen sind sehr verfestigt, die Verletzungen tief und das Vertrauen nicht vorhanden, dass man selbst noch Energie aufbringen konnte, um wieder eine Basis zu finden. Den Schilderungen kann entnommen werden, dass die Parteien schon so in der Situation gefangen sind, im Alltag jeden Morgen zu kommen und für ihre Sache zu kämpfen, dass sie ein selbst gewähltes Ausscheiden aus dem Team als Scheitern oder Versagen empfunden hätten.

Phase II – Lösungssuche

Mit der Leitung und den einzelnen Mitarbeitenden wird besprochen, wie sie ihre Situation sehen, welche Alternativen sie für sich entwickeln könnten. Die Leitung kommuniziert ihre Entscheidung, das Team aufzulösen und gemeinsam passende andere Stellen im Haus zu suchen. Die Teammitglieder sind nach anfänglicher Verunsicherung sehr dankbar für den Perspektivwechsel und die Möglichkeit, Wege aus der aktuellen Situation zu finden. Wichtig dabei ist, dass mit der Entscheidung der Auflösung des gesamten Teams kein Gesichtsverlust einzelner verbunden ist. Die Leitung unterstützt die Mitarbeitenden bei der Entwicklung von Perspektiven und bei der internen Kommunikation und Stellenvermittlung.

Das Ergebnis: Die meisten Mitarbeitenden wechseln intern in andere Bereiche und sind wie anschließend Berichten zu entnehmen ist, zufrieden in ihren neuen Stellen und mit der Entscheidung der Leitung, nach dem Motto: »Lieber ein Ende mit Schrecken als ein Schrecken ohne Ende.«

Fazit

Konflikte begleiten unser Leben, im privaten wie im beruflichen Bereich, sie können immer da auftauchen, wo Menschen miteinander in Austausch kommen und unterschiedliche Wahrnehmungen und Ziele haben. Im Krankenhaus kommen häufig systembedingte Paradoxien und Dilemmata hinzu, die strukturbedingte Konflikte auslösen, aber häufig schnell auf die persönliche Ebene transferiert werden, da grundlegende Werte und ethische Haltungen in der Patientenversorgung die Mitarbeitenden in vielen Fragen leiten.

Im systemischen Beratungskontext begegnen wir häufig chronifizierten Konflikten, in denen bereits verfestigte Positionen und Muster eine wichtige Rolle spielen. Diese gilt es aufzuzeigen, zu verflüssigen und zu unterbrechen, so dass Neues entstehen kann. Die Berater benötigen dabei ein hohes Maß an Empathie, Standfestigkeit und Kreativität, um die Bedürfnisse der Beteiligten herauszuarbeiten, Möglichkeitsräume zu eröffnen und gemeinsame Lösungen zu entwickeln.

Dilemmakompetenz trainieren

Antonia Drews, Marieke Born, Ulrike Bossmann

Was ist Dilemmakompetenz?

Die Konfrontation mit wiederkehrenden Dilemmata stellt für Mitarbeitende im Krankenhaus eine bedeutsame Belastung dar (vgl. »Krankenhäuser verstehen«). Krankenhausmitarbeiterinnen darin zu unterstützen, dilemmahafte Situationen und Konfliktlagen konstruktiv zu bewältigen, stellt für uns daher einen wichtigen Baustein der Beratungsarbeit dar.

Dilemmakompetenz beschreibt für uns die Fähigkeit, in beruflichen Situationen, die durch widersprüchliche Anforderungen, Ressourcenknappheit und zeitgleich hohen Entscheidungsdruck gekennzeichnet sind und für die es deshalb keine guten Lösungen gibt, bewusst einen verantworteten Standpunkt einzunehmen, diesen kommunikativ zu vertreten und mit den dazugehörigen Preisen der jeweiligen Entscheidungsoptionen (z. B. negative Reaktionen anderer, eigene unangenehme Emotionen) leben zu können (Bossmann 2020, S. 142).

Dilemmakompetentes Handeln setzt eine selbstreflexive (über sich selbst nachdenkende) Betrachtung des eigenen Denkens, Fühlens und Handelns voraus und lässt sich als Zusammenspiel verschiedener kognitiver, emotionaler und behavioraler Teilkompetenzen verstehen, die sich anhand von vier Faktoren beschreiben lassen (vgl. Born 2020; Bossmann 2020; Schweitzer, Born, Drews, Zwack

u. Bossmann, 2019; Zwack u. Bossmann, 2017; Zwack u. Schweitzer, 2009; Bossmann, Ditzen u. Schweitzer, 2016):

1. Wahrnehmung der Entscheidungssituation: Insbesondere ist das Verständnis wichtig, dass Dilemmata zwangsläufig zu Organisationen gehören und mit einer Vielzahl von belastenden Emotionen einhergehen.
2. Anerkennung der Unlösbarkeit: Es ist entscheidend zu akzeptieren, dass es in Dilemmasituationen keine unumwunden guten oder zu 100 Prozent stimmigen Lösungen gibt.
3. Innere Positionierung: Die Fähigkeit, persönlich verantwortete Entscheidungen bewusst zu treffen – inklusive des dafür zu zahlenden Preises – ist unerlässlich. Dazu gehört, bisherige persönliche und organisationskulturelle Entscheidungsspielregeln (Prämissen) (z. B. nach dem Motto: »So läuft es halt in unserer Abteilung.«) kritisch zu hinterfragen, eigene Werte- und Sinnkriterien zu kultivieren (»Was finde ich selbst richtig?«) und Gefühle als Kompass für die eigene Entscheidung zu nutzen (»Wie geht es mir mit dieser Entscheidung?«).
4. Kommunikation: Schlussendlich ist es erforderlich, getroffene Entscheidungen klar zu kommunizieren und gegenüber anderen konstruktiv zu vertreten. Dazu kann auch gehören, über Entscheidungen, die durch andere getroffen wurden, mit diesen nachverhandeln zu können.

Wie lässt sich Dilemmakompetenz trainieren?

Um den kompetenten Umgang mit Dilemmata zu fördern, haben Zwack und Bossmann (2017) ein Training entworfen, das auf den Arbeitskontext von Führungskräften und Mitarbeitenden im Krankenhaus angepasst (Bossmann, 2020) und zu einem Kurzzeittraining weiterentwickelt wurde (Drews, et al., 2022). Ziel des Trainings ist es, bisherige reflexhafte (quasi-automatische, nicht hinterfragte) Reaktionen in Dilemmasituationen zu erkennen, sie als bislang nachvollziehbare Lösungs- und Überlebensstrategien zu verstehen und in bewusste Entscheidungsbewegungen zu überführen. Die zentralen Elemente dieses Trainings werden nun beschrieben.

Erkennen und Verstehen von Dilemmata im Organisationsalltag

Zu Beginn des Trainings wird mithilfe der systemischen Organisationstheorie hergeleitet, dass Dilemmata der Normalfall in Organisationen sind. Gemäß von Förster (2003) wird verdeutlicht, dass Dilemmata-Betroffene vor »unentscheidbaren« Fragen stehen, die nicht im Sinne einer objektiv richtigen Entscheidung be-antwortet werden können, sondern durch eine subjektiv zu vertretende Entscheidung ver-antwortet werden müssen. Die Entscheidungsbewegung im Dilemma vollzieht sich also entlang der Frage, welche Entscheidung sich für die Teilnehmenden stimmig und vertretbar anfühlt, auch wenn sie objektiv unbefriedigend bleibt.

Zu Beginn des Trainings vergegenwärtigen sich die Teilnehmenden ein möglichst häufig wiederkehrendes Dilemma aus ihrem Arbeitsalltag, anhand dessen sie die Inhalte des Seminars auf ihren Alltag übertragen. Als Darstellungsmethode dient das Auftragskarussell (v.Schlippe u. Jansen, 2020), bei dem unterschiedliche Aufträge durch Kursteilnehmende dargestellt und szenisch gesprochen werden. Hierdurch erleben die Trainingsteilnehmenden die eigene Auftragslandschaft besonders plastisch und erfahren gleichzeitig die Unmöglichkeit, allen teilweise widersprüchlichen Aufträge zeitgleich gerecht zu werden.

Beobachten und Hinterfragen kultureller Spielregeln und eigener Prämissen

Dilemmata entstehen aus einem Geflecht von Annahmen, die sich wiederum aus organisationskulturellen Spielregeln und biografischen Sozialisationserfahrungen speisen. Unter Zuhilfenahme der Metapher des Prämissennetzwerks (der Sammlung aller Entscheidungsspielregeln) wird verdeutlicht: An allen Spielregeln festzuhalten, ähnelt dem Gefühl, *wie im Netz gefangen* (und dadurch unbeweglich) zu sein. Erst das Hinterfragen einzelner impliziter oder expliziter Regeln ermöglicht wieder neue Handlungsspielräume. Im Training wird eine Selbstbeobachtung eingeübt, die sodann das Erkennen und Hinterfragen von zugrundeliegenden Glaubenssätzen (z. B. eigene Ideen darüber, was einen wertvollen Mitarbeitenden ausmacht, und Ideen darüber, was man im Krankenhaus tun darf und was nicht) ermöglicht.

Vertreten unbequemer Entscheidungen

Da es im Dilemma keine objektiv richtige Entscheidung gibt, ist jede Entscheidungsoption angreifbar. Es ist wahrscheinlich, dass der eigene Standpunkt vom Gegenüber infrage gestellt werden wird (z. B. durch sogenannte Schachmattsätze, die den Entscheidenden lähmen bzw. zum Rückzug der getroffenen Entscheidung bewegen sollen). Das Training vermittelt nützliche kommunikative Strategien, die Gehör und Verständnis für den eigenen Standpunkt erzeugen und zugleich auf Dämonisierung von angeblich Schuldigen verzichten.

Persönliche Sinnkriterien als Kompass – wertebasiertes Entscheiden

Wesentliche Entscheidungshilfen in dilemmatischen Situationen sind persönliche Werte. Diese werden im Training von allen Teilnehmenden selbst erkundet und als Entscheidungsgrundlage genutzt. Denn Werte bieten gerade dort, wo keine Lösung ohne Preis gefunden werden kann und alle Entscheidungsoptionen zunächst gleich schlecht erscheinen, ein neues Erfolgskriterium. Anstelle von »Haben-Zielen« (»Was will ich erreichen?«) rücken wir »Sein-Ziele« (»Wie will ich als Mensch sein?«) in den Mittelpunkt (vgl. Fromm, 1976). Dafür nutzen wir Fragen wie »Wie will ich sein, während ich keine 100 %-stimmige Entscheidung treffe?« oder »An welchem Wert möchte ich festhalten, auch wenn mein Handlungsspielraum klein ist?«.

Nutzung von Gefühlen als Wegweiser

Einer Idee von Maja Storch (vgl. 2016) folgend, wirbt das Training dafür, Emotionen als Wegweiser hin zu einer nachhaltigen Positionierung zu nutzen. Um eine bewusste Emotionsregulation in belastenden Dilemmasituationen zu ermöglichen, schult das Training darin, eigene Emotionen differenzierter wahrzunehmen (Greenberg, 2015) und die in ihnen liegenden Informationen für die eigene Entscheidung zu nutzen.

Solidarisierungschancen

Das Training sensibilisiert für die negativen Auswirkungen individueller Entlastungsversuche unter anhaltendem Druck: In kollektiven »Abwärtsspiralen« (vgl. Zwack u. Bossmann, 2017) bedeutet die Abgrenzungsstrategie des einen (z. B. einer Pflegekraft gegenüber zusätzlichem Dokumentationsaufwand) möglicherweise eine Mehrbelastung der anderen (z. B. erhöhter Arbeitsaufwand für den MDK). Dialogisch werden Ideen erzeugt, wie individuell und berufsgruppen- sowie abteilungsübergreifend in solidarisches Verhalten investiert werden kann. Entlang bereits praktizierter Solidarisierungsgesten (z. B. im eigenen Team) wird erkundet, welche Verhaltensweisen zu mehr Solidarität im System Krankenhaus führen können.

Umgang mit dem »unangenehmen Rest« und Abschluss

Um negative Gefühle nach einer getroffenen Entscheidung konstruktiv zu verarbeiten, werden das Konzept der selbstbezogenen Empathie (Einfühlen in den Anderen), der Impathie (Einfühlen in sich selbst, nach Neubrand, 2014) und des Selbstmitgefühls (Freundlich mit sich selbst umgehen, nach Neff, 2003) angeboten. Über das gesamte Training hinweg wird ein eigenes Dilemma ausführlich reflektiert. Zum Abschluss wird ein Selbstcoaching-Werkzeug an die Teilnehmenden ausgehändigt: Der »Routenplaner für das Navigieren durchs Dilemma« unterstützt auch über das Training hinaus dabei, eigene Dilemmasituationen zu analysieren und eine stimmige Position für sich zu finden.

Was bewirkt das Training?

Die Wirksamkeit des Trainings im Krankenhauskontext wurde ausführlich durch Born (2020) und Drews (2021) untersucht und beschrieben. Vor dem Training berichteten Teilnehmende häufig reflexhafte Reaktionen im Dilemma (Born, Drews, Bossmann, Zwack u. Schweitzer, 2020): Entscheiderinnen versuchten etwa, auf Kosten der eigenen Energieressourcen oder durch Missachtung von Standards weiterhin allen Aufträgen gleichzeitig gerecht zu werden, um das Unmögliche doch noch zu ermöglichen; häufig agierten sie dabei ungefiltert Emotionen wie z. B. Ärger aus (»Das kann doch keiner von uns erwarten!«); oder sie grenzten sich stark gegenüber Kolleginnen oder anderen Abteilungen ab (»Darum müssen sich doch die anderen kümmern!«).

Nach dem Training wurden solche Reaktionen nachweislich seltener genutzt (Born, Drews, Bossmann, Zwack u. Schweitzer, 2020). Stattdessen wurden vermehrt reflexive Umgangsstrategien im Dilemma benannt: Entscheiderinnen konnten sich nun explizit für oder gegen die Erfüllung bestimmter Aufträge und das in-Kauf-Nehmen von negativen Konsequenzen entscheiden (z. B. sich bei großer Zeitnot für die Versorgung eines Patienten zu entscheiden und dafür die Dokumentationen diesmal nicht optimal zu machen); sie waren in der Lage, explizit über die Grenzen des Machbaren in bestimmten Situationen in Kommunikation zu gehen; es fiel ihnen leichter, die Perspektive anderer, in der Entscheidungssituation Involvierter einzunehmen und sich dadurch z. B. zu entscheiden, sich gegenseitig zu helfen.

Diese durch das Training geförderten individuellen Verhaltensänderungen wirkten sich auch auf das kollegiale Arbeitsumfeld aus (Born, Dres, Bossmann, Zwack u. Schweitzer, 2020): In Bezug auf das Arbeitsklima wurde u. a. von mehr Wertschätzung gegenüber den eigenen Mitarbeitenden und von mehr Verständnis gegenüber anderen Professionen und Abteilungen berichtet. Durch die gesteigerte Handlungsfähigkeit und -motivation Einzelner konnte auch teamübergreifend das empfundene Commitment gegenüber der Organisation gestärkt werden. Auch Organisationsmitglieder, die das Training nicht besucht hatten, konnten im Anschluss durch die gestärkte Entscheidungsfähigkeit, durch ein erhöhtes Entscheidungstempo und eine größere Berechenbarkeit der Führungskräfte besser arbeiten. Gleichzeitig waren unsere ersten Trainingsdurchführungen noch besonders »kopflastig« sowie sprachlich anspruchsvoll, was Teilnehmende mit niedrigerem Bildungsniveau weniger profitieren ließ als insbesondere männliche Oberärzte (Drews, 2021). Insbesondere die Erkundung eigener Emotionen im Dilemma sowie der multiprofessionelle Charakter der Trainingsgruppe wurde von tendenziell marginalisierteren Gruppen im Krankenhaus (z. B. Reinigungskräfte) als stärkend erlebt. Diese Aspekte dienen einer weiteren Anpassung des Trainings, sodass es seine Wirksamkeit bestmöglich entfalten kann (Drews, 2021).

Durch begrenzte Personal- und Zeitressourcen sind die Handlungsspielräume von Mitarbeitenden im Krankenhaus häufig auf ein Minimum beschränkt. Zudem können verhaltensorientierte Trainings wie das hier beschriebene nur dann wirklich sinnvoll sein, wenn sie durch mutige Managemententscheidungen und strukturelle, politische Veränderungen begleitet werden (Gündel et al., 2020). Dennoch haben wir die Erfahrung gemacht, dass die Einladung zur Beobachtung der eigenen Entscheidungszwänge und die Rückgewinnung von Entscheidungsspielraum für die meisten Trainingsteilnehmenden einen bedeutsamen und hilfreichen Unterschied macht.

Führungskräfte entwickeln und coachen

Janna Küllenberg und Ulrike Bossmann

Im Führungsdschungel

Führungskräfte können achtsam, situativ, stresspräventiv, kollegial, geteilt, laissez faire, transaktional, transformational, demütig, gar nicht und zugleich irgendwie trotzdem führen. Die Konzepte der Managementliteratur zu Führung sind zahlreich. Zusammenfassend kann man sagen: Führungsstile, die sich auf Menschen und Beziehungen konzentrieren, sind im Vergleich zu rein aufgabenorientierten in weiten Teilen des Gesundheitswesens mit einer höheren Arbeitszufriedenheit verbunden (Cummings et al., 2010). Dennoch lassen sich die besten Techniken, Strategien und Haltungen nur schwer etablieren, wenn sie ohne Berücksichtigung des Kontextes und seiner Mitspieler eingeführt werden. Auf welche Einladungen und Rollen-Verführungen Beraterinnen treffen, wenn sie Führungskräfte coachen und wie ein guter Umgang mit ihnen aussehen kann, darum geht es im Folgenden.

Beraten und Coachen im Setting Krankenhaus: Worauf kann ich mich einstellen?

Arbeiten im Krankenhaus kann auch auf Seiten der Beratenden starke Gefühle evozieren. Häufig anzutreffen sind Gefühle der Empörung,

Unlust über die Nicht-Veränderlichkeit des Systems und mitfühlender Ärger über die Arbeitsverhältnisse der Mitarbeitenden. Es geht schließlich um die Gesundheit von Menschen. So entsteht schnell die Gefahr, dass Berater ihre Neutralität verlieren und ihre Empörung über die miterlebten Verhältnisse und die daraus resultierenden Handlungsstränge in ihrer Gestalt zunehmend eindimensional wird (»Das System ist an allem schuld, da kann man nichts machen.«).

Angesichts der komplexen Gemengelage an Herausforderungen im Krankenhaus (siehe auch Kapitel »Krankenhäuser verstehen«) stellt sich in Coachingprozessen die Frage, was Führungskräfte realistisch beeinflussen können. Das kann Gefühle von Hilflosigkeit und Zweifel an der eigenen Selbstwirksamkeit befördern. Diese Gefühle wiederum laden als Gegenreaktion zum eindimensionalen Optimismus ein (»Gemeinsam finden wir schon eine gute Lösung.«). Die Gefahr besteht, Umstände zu bagatellisieren, systemimmanente Widersprüche (siehe auch Kapitel »Psychische Gesundheit«) zu ignorieren oder vorschnell die eigene Rolle zu nutzen, um einen schnellstmöglichen Ausweg aus dem System aufzuzeigen und mit den Coachees vorwiegend an Ausstiegsszenarien aus deren Rollen zu arbeiten.

Zur Selbstverortung halten wir die folgenden zwei Fragen für Beratende für nützlich, auf deren Sinngehalt und Wirkmächtigkeit wir kurz eingehen wollen, um zwei grundlegenden Verführungen die Stirn bieten zu können:

1. In wessen Auftrag arbeite ich und wofür?

Die erste Verführung, die im Krankenhaus in Form eines ambivalenten Auf und Abs gerne vorbeischneit, adressiert eine grundsätzliche Haltung: Wenn ich Führungskräfte unterstütze, bessere Strategien im Umgang mit ihrer Situation zu entwickeln, helfe ich als Beraterin indirekt dabei, dass jene mit ihrem Frust besser oder länger umgehen können, ohne dessen Grundlagen zu beseitigen.

Das kann mit persönlichen Überzeugungen konfligieren. Beispielsweise, weil das eigene Gerechtigkeitsempfinden der Beraterin hoch ist oder diese eine Neigung zu politischen Veränderungsimpulsen mitbringt. Oder weil sie interne Beraterin ist und damit Teil der internen politisch strategischen Überlegungen und Loyalitäten eines Krankenhauses. Da kann es dieser helfen, sich mitunter Fragen zu stellen wie:
- Wem nützen meine Interventionen eigentlich?
- Arbeite ich im Interesse der betroffenen oder höherer Hierarchieebenen?
- Was wird vielleicht auf einer anderen Ebene dadurch verhindert?
- Erhöhe ich die Frustrationstoleranz und das Durchhalten der zu Beratenden, während wir gemeinsam nach Lösungen suchen (z. B. Arbeiten an der Work-Life-Balance für gestresste Leitungskräfte, um im Dienst von Patienten und Kolleginnen, aber vielleicht um den Preis der eigenen Gesundheit, noch länger durchzuhalten)? Und wenn ja, trete ich dafür ein?

2. An welchen Stellen spüre ich eine Tendenz zur Solidarisierung mit einzelnen Berufsgruppen und wo fange ich an, zu angestrengt mitzustrampeln auf der Suche nach Lösungen?

Die zweite Verführung, die im Kontext Krankenhaus deutlich spürbar wird, ist die Einladung, sich mit einzelnen Berufsgruppen zu solidarisieren oder Teil der Lösungssuche für Probleme zu werden, für die es systembedingt keine Lösung geben kann (siehe auch Kapitel »Psychische Gesundheit«). Hier lohnt es insbesondere darauf zu achten, wo Probleme in Beratungssituationen vorschnell
- personalisiert werden (»Das ist doch typisch für den Müller, der hat halt keine Ahnung.«, »Wenn die Schmidt auch mal bereit wäre, aus dem Frei zu kommen, hätte ich den Salat nicht.«) oder

- polarisiert und nur aus einer Perspektive diskutiert werden (»Wenn die aus der Verwaltung mal sehen würden, was wir im Alltag leisten, würden die nicht weitere Einsparungen verlangen.«, »Das ist nicht mein Zuständigkeitsbereich.«).

Konkrete Problemlagen – und was tue ich?

Wir skizzieren im Folgenden drei prototypische Anlässe für Führungskräftecoachings, die sich bei den Coachees oft mit privaten Krisen, Scheidungen oder anderen Problemen paaren, wenn sie an uns herangetragen werden.

Anlass 1: Überlastung
Worauf kann die Beraterin sich einstellen?

Beraterinnen haben es mit Menschen zu tun, die berichten, müde zu sein, extrem viel geleistet zu haben und »einfach nicht mehr zu können«. Meist kommt dies gepaart mit einer Nicht-Akzeptanz der aktuell erlebten betrieblichen Situation (»Das kann doch einfach nicht sein.«) und der bittern Enttäuschung über einen gefühlten Wertschätzungsmangel.

Häufig ist die Verausgabungsbereitschaft zuvor hoch gewesen und die eigenen Belastungsgrenzen wurden bereits überschritten. Die Mehrfachbelastung etabliert sich durch die mangelnde Vereinbarkeit verschiedener Rollen und Unvereinbarkeitserfahrungen von Arbeit und Privatleben.

Ein Oberarzt beschreibt es so: »Ein Arzt hat drei Jobs: Patientenversorgung, Forschung, Lehre. Der Ärztliche Direktor entscheidet, wie die zeitlichen Ressourcen auf diese Bereiche verteilt werden. Das System beruht auf Selbstausbeutung, denn die Vorarbeit für die Wissenschaft soll man abends oder am Wochenende machen.

Wenn man es doch während der Arbeitszeit macht, entsteht Neid bei den Kollegen.«

In der pflegerischen Leitung sind es vor allem die Verdichtung an Dokumentation, zu wenig Zeit für die Patienten und Sorge um die eigenen Mitarbeiter. Häufig übernehmen pflegerische Leitungskräfte in der täglichen Basisarbeit weiterhin viele Aufgaben, um die Überbelastung oder das Fehlen der eigenen Mitarbeitenden auszugleichen.

Worin liegt die Verführung für die Beraterin?

1. Zu schnell die gesamte Arbeitssituation in Frage stellen
2. In einen gemeinsamen Klagemodus einsteigen, ohne dass dadurch Folgen entstehen
3. Im Coachingraum toll klingende, in der Praxis aber kaum umsetzbare Lösungsoptionen erarbeiten

Was tun bei Überlastungsberichten? Fünf Tipps für Berater

1. Hinterfragen Sie, wie viel Klage zum guten Ton des Hauses gehört und erwartet wird, um dazuzugehören. Das gleiche gilt umgekehrt für Glaubenssätze à la »Stress ist nur was für Leistungsschwache«.
2. Erarbeiten Sie mit Ihrem Coachee ein realistisches Bild der Situation. Machen Sie die Belastung plastisch, indem Sie beispielsweise mit Büchern oder Steinen das Gewicht der vielen Aufgaben spürbar werden lassen, einen typischen Tag oder eine typische Woche schriftlich festhalten und mit Abstand betrachten lassen oder ein Auftragskarussell (v.Schlippe u. Jansen, 2020) erstellen.
3. Befördern Sie die Ohnmachtsgefühle auf die Empörungsetage mit Fragen wie »Was würden Sie gern tun, trauen es sich aber bisher nicht?«, »Welche Gefühle sind da noch neben der Hilflosig-

keit, weil Sie so vieles schon erfolglos probiert haben?«, »Angenommen, Sie gingen auf eine Demonstration. Was stünde auf Ihrem Schild?«, »Wenn Ihr Frust sprechen könnte, was würde er sagen?«. Nutzen Sie Ärger konstruktiv, um wieder Antriebsenergie zu etablieren.

4. Helfen Sie dem Coachee Abstand zu gewinnen und zu einem menschlichen Maß an Einsatz und eigener Verausgabungsbereitschaft zurückzukehren. Dafür ist in der Regel die Beschäftigung mit Werten (insbesondere wichtigen, aber aktuell nicht ausreichend gelebten) nützlich.
5. Fördern Sie Kontakt und konstruktive Solidarisierung. Häufig berichten Führungskräfte von zunehmender Isolierung bei steigender Hierarchiestufe.

Anlass 2: Die Führungskraft fühlt sich den Umständen und oder Personen ausgeliefert
Worauf kann der Berater sich einstellen?
Im Krankenhaus wird Fachlaufbahnen eine besondere Bedeutung beigemessen. Die Wege zur Erreichung der Karriereziele lassen daher häufig wenig Verzweigungen zu. Strenge Alles-oder-Nichts-Logiken, gekoppelt mit sich schließenden Zeitfenstern, begegnen uns besonders bei Ärzten. Diese folgen der Vorstellung: »Wenn ich es hier und jetzt nicht schaffe oder in Teil- oder Elternzeit gehe, ist meine Karriere unwiderruflich zerstört oder ich lande auf dem Abstellgleis.«

Zusätzlich können die Wege für die Erreichung von Beförderungen intransparent sein und Beförderungsregeln nicht selten dem Motto folgen: »Wer kennt wen? Wer hat wen mitgebracht?, Wer teilt private Hobbies?« So kann eine erhoffte Beförderung leicht ausbleiben, obwohl »man doch alles gegeben hat«. Andere Führungskräfte nehmen sich als Opfer schlechter Kommunikation wahr und oder fühlen sich den Launen von Vorgesetzten bzw. den Umständen (z. B. in zerstrittenes Team auf Station; Benachteiligungen, Teilzeitarbeit) ausgeliefert. In der Pflege ist es vor allem die Dringlichkeits- und Absolutheits-Logik, die das Erleben alternativlos machen. Das Aufweichen von Prinzipien bei der Erfüllung der Minimalstandards im Sinne der Patientenversorgung gilt als unverhandelbar: »Es muss ja jemand machen, weil der Patient versorgt werden muss. Und wir haben niemanden, an den wir delegieren können.«

Worin liegt die Verführung für die Beraterin?

- Auf die feldeigenen Logiken aufspringen und die geltenden Regeln als unumstößlich zu akzeptieren und sie nicht in Frage zu stellen
- An der vermeintlichen Veränderbarkeit anderer Personen und Umstände arbeiten und so den Fokus weg von der Handlungsfähigkeit des Coachees selbst zu lenken
- Zu lang bei Dämonisierungen wie beispielsweise »Alle Chefärzte sind Narzissten.« verbleiben

Was tun beim Gefühl, ausgeliefert zu sein? 4 Tipps für Berater

1. Reflektieren Sie, welche Regeln implizit und explizit zur Erreichung der Fachlaufbahn gefordert werden und hinterfragen Sie gemeinsam, ob es ein klares Bekenntnis Ihres Coachees gibt, diesen Weg zu gehen. Wenn nicht, erarbeiten Sie, ob es einen alternativen Weg gibt. Häufig entscheiden sich Führungskräfte für den Wechsel in ein kleineres Haus. Vielleicht darf es auch andere Lösungen geben?
2. Erarbeiten Sie die Preise, die der jeweilige Weg fordert und loten Sie Autonomieräume aus. Helfen Sie dem Coachee dabei, nicht in impliziten Erwartungsheuristiken (»was eigentlich wie zu laufen hat«, »worauf man doch bauen können muss«) zu verharren,

sondern wieder aktiv zu gestalten. Welche Möglichkeiten sieht der Coachee selbst innerhalb der engsten Räume, um seine Autonomie zu wahren und zu erweitern? Die Einführung dritter Perspektiven (z. B. eines fiktiven Hofnarrs, des eigenen vorgestellten siebzigjährigen Ichs) kann nützlich sein.

3. Befördern Sie Entscheidungen und Verantwortungsübernahme, z. B. durch Fragen wie: »Was bedeutet das, was Sie hier mit mir besprechen, ganz konkret für Ihren Umgang mit der Situation?«, »Welche Entscheidung resultiert daraus?«, »Wenn diese Entscheidung getroffen wird, was nehmen Sie dafür automatisch bewusst in Kauf?«
4. Werden Sie konkret und überführen Sie Besprochenes in Handlungen. Schreiben Sie Dialoge auf oder üben Sie diese im Rollenspiel. Sammeln Sie Schachmattgesten oder -sätze, d. h. solche Sätze, mit denen zu rechnen ist, die jedoch im Realraum oft zur Nicht-Umsetzung gemachter Vorsätze führen. Ermuntern Sie Ihre Coachees zu einer Sprache der Verantwortung, die immer wieder explizit macht, was implizit erwartet wird.

Anlass 3: Die Führungskraft wird disziplinarisch zum Beratungsgespräch geschickt

Worauf kann der Berater sich einstellen?

Die Führungskraft, die zu einem Beratungsgespräch geschickt wird, ist höchstwahrscheinlich verunsichert oder verärgert und weiß womöglich nicht genau, worin das Problem liegt. Viele Führungskräfte in mittlerer Hierarchieebene übernehmen Verantwortung, ohne explizit darum gebeten zu haben. Sie sind »da so reingerutscht«. Dazu kommt, dass das System Krankenhaus gute Führung häufig nicht belohnt. Diese wird zwar erwartet, erfährt aber wenig Anerkennung in Form von zeitlichen Ressourcen, Fortbildungen oder Wertschätzung.

Worin liegt die Verführung für den Berater?
1. Voreilig an Kommunikationsskills und Führungstechniken des Coachees arbeiten, ohne dessen Motivlage zu berücksichtigen
2. Ressourcen und Gelungenes nicht ausreichend in den Blick nehmen
3. Vieles besprechen, das dann nicht umgesetzt wird.

Was tun, wenn die Führungskraft aneckt und zu einem Beratungsgespräch geschickt wird? 5 Tipps für Beraterinnen

1. Fragen Sie die Führungskraft nach ihrer Einstellung zum Führen von Personal, also nach ihrem beruflichen »Wozu?«. Wenn kein erklärtes Interesse der Person für die Führung von Menschen besteht, sondern ausschließlich ein notwendiger Schritt auf der Karriereleiter das priorisierte Ziel darstellt, überlegen Sie mit dem Coachee, welches Mindestmaß an Führungsskills hinreichend ist und wer diese auf welche Weise erleben muss, die Führungskraft »unbehelligt« weitermachen kann oder ob für sie ein alternativer Karriereweg mit Aufstiegschancen vorhanden ist.
2. Erarbeiten Sie eine positive Einstellung, also ein bewusstes »Ja!« zu Führungsaufgaben: »Was gewinnen Sie als Führungskraft, was Ihre Abteilung, wenn Sie der Führungsrolle einen anderen Stellenwert einräumen als bisher?«, »Würden Sie gern selbst unter sich arbeiten?«. Vergeben Sie Beobachtungsaufträge, z. B. »Wer, mit dem Sie regelmäßig zusammenarbeiten, würde am meisten und wer am wenigsten davon profitieren, wenn Sie etwas anderes machen als bisher?«.
3. Überlegen Sie, welche Haltung die Führungskraft an den Tag legen möchte: Welche Führungskraft möchte sie sein? Dafür nützlich kann das Nachzeichnen der eigenen (beruflichen) Biografie mit den Tief- und Höhepunkten erlebter Führung sein.

4. Arbeiten Sie an Führungskompetenzen erst, wenn das Mandat von der Führungskraft dafür erteilt ist. Typische Entwicklungsfelder sind dann die Impulskontrolle, die Emotionsregulation und das Kommunikationsverhalten. Nutzen Sie Führungsherausforderungen, die den Coachee im Alltag selbst nerven, als Aufhänger, um Veränderungen anzustoßen.
5. Beleuchten Sie den Rahmen guter Führung, z. B. wann und wie genau Teambesprechungen laufen, wie Mitarbeitergespräche auch bei Zeitknappheit gewinnbringend laufen können, etwa indem Prioritäten gesetzt und Strukturen erarbeitet werden (Küllenberg, Becker u. Körner, 2021).

Anonyme innerbetriebliche Mitarbeiterberatung in Krisensituationen

Annette Bellm

Vor- und Nachteile der anonymen innerbetrieblichen Mitarbeiterberatung

Im Folgenden geht es um die anonyme, den Vorgesetzten und KollegInnen im Regelfall nicht bekannte, innerbetriebliche Beratung belasteter Krankenhausmitarbeiter in Krisensituationen. Diese findet typischerweise als Einzelberatung statt, bei Bedarf auch in Ausnahmefällen unterstützt durch Gespräche mit Vorgesetzen oder dem Team (Schweitzer, Bossmann u. Zwack, 2016).

Die Beraterin steht stärker als in den anderen Settings dieses Buches an der Seite der Klienten und ist ganz vorwiegend nur ihrer Klientin verpflichtet. Ähnliches gilt außerbetrieblich für eine Hausärztin oder einen Psychotherapeuten. Als innerbetriebliche psychosoziale Beraterin vermag sie die betrieblichen Aspekte der Krise ihrer Klientin besser nachzuvollziehen. Deshalb wechseln einige Beschäftigte nach einer angefangenen, aber als nicht produktiv erlebten externen Psychotherapie später in die innerbetriebliche Psychosoziale Beratung.

Die interne psychosoziale Beraterin kann ihr Wissen um die Kulturen und Strukturen des Betriebes nutzen, um die Beiträge mehrerer betrieblicher Akteure zu der jeweiligen Krise in ihren Kontexten zu betrachten. Gleichzeitig kann sie über die Analyse eigener Anteile der Klientin hinaus helfen, einen kooperativen Weg zum Miteinander zu finden. Im Prozess oszilliert die interne Beraterin zwischen Verschwiegenheit, Zurückhaltung nach Außen und Einmischung da, wo es der Sache dienlich ist. Interne Beratung erfordert das Wissen um die hohe Bedeutsamkeit der Schweigepflicht und der Freiwilligkeit des Beratungsangebotes. Einmischung geschieht stets in Form eines Angebots zu einem gemeinsamen Austausch mit den Beteiligten. Auch wenn die Ratsuchende anonym und allein kommt, so erhält die interne Beraterin direkte und öfter auch indirekte, zum Teil konträre Aufträge – zum Beispiel von Vorgesetzten, Personalverwaltung, Personalräten und anderen Stakeholdern. Diese gilt es zu sortieren und abzuwägen.

Mit welchen Anliegen kommen Mitarbeitende in die Psychosoziale Beratung?

Dieses niederschwellige Unterstützungsangebot kann orts- und zeitnah wie auch kostenfrei während der Arbeitszeit in Anspruch genommen werden.

Mitarbeitende kommen,
1. wenn sie sich Hilfe bei der Bewältigung eigener psychischer, psychosomatischer, psychiatrischer, neurologischer und anderer chronischer Erkrankungen oder solchen ihrer Angehörigen wünschen,
2. wenn sie Unterstützung bei der Trauerbewältigung von Todesfällen bei Kolleginnen oder einem nahestehenden Menschen wünschen, speziell bei Suizidalität (z. B. Suizidzeugen und Ersthelfer) und Bedrohungslagen durch Gewaltereignisse,
3. wenn Behandlungsfehler in Pflege und Medizin oder Verwaltungsfehler thematisiert werden.
4. wenn Zusammenarbeit und Kommunikation sich komplizieren, Konflikte mit Kolleginnen und Vorgesetzten auftreten, die Vor-

bereitung eines Mitarbeiter-Jahresgespräches ansteht oder als Mobbing erlebte Prozesse geschehen.
5. wenn Überforderung, Unterforderung, Stress und Burnout deutlich werden, ausgelöst z. B. durch Personalmangel, Stilllegen von Arbeitsplätzen, Fusionieren von Arbeitsgruppen, Zeitdruck unter Maximalversorgung oder Komplikationen durch inoffizielle Leitungen oder Doppelbesetzungen.
6. Wenn Generationenkonflikte in den Mittelpunkt rücken (was zunehmend geschieht), besonders im Hinblick auf eine altersgerechte Arbeitsgestaltung und die Vereinbarkeit von Beruf und Familie.

Welche Formate haben sich für die innerbetriebliche Psychosoziale Beratung bewährt?

Drei bewährte Settings lassen sich für die innerbetriebliche Psychosoziale Beratung unterscheiden, auf die im Folgenden eingegangen wird:

Kurze Beratungsgespräche: Bis zu 8 Sitzungen dienen der Klärung und Vermittlung des individuellen Unterstützungsbedarfs – etwa externe ambulante oder stationäre Behandlungen, eine betriebsinterne Begleitung durch Personalrat oder Personalverwaltung oder eine Sucht- oder Sozialberatung.

Coaching: Ein Prozess mit 12 Sitzungen kann für ein Coaching sinnvoll sein. Die Abstände variieren zwischen dicht aufeinanderfolgend bis zu über Jahre verteilten Gesprächsterminen. Erstere ähneln einer fokussierten Krisenintervention, letztere einer Kurzzeit-Psychotherapie. Ganz spezielle Coachingthemen in der Psychosozialen Beratung sind und anderem wahrgenommene Besonderheiten von Mitarbeiterpersönlichkeiten, etwa einer sogenannten Störung im autistischen Spektrum, einer Genderdysphorie. Weotere spezielle Themen beziehen sich auf aktuelle Umstände, zum Beispiel bei Auseinandersetzungen über den COVID-19-Impfstatus bei Mitarbeitenden, oder die durch den Krieg in Europa (oder anderswo) ausgelöste Angst.

Kurzzeittherapie: Eine Kurzzeittherapie kann sich über bis zu 20 Sitzungen erstrecken. Sie läuft parallel zur täglichen Arbeit ab und dient der Stärkung der beruflichen Selbstsicherheit und bei neuen Mitarbeitenden zur möglichst reibungsarmen Integration in das Team. Speziell für Auszubildende der Gesundheits- und Krankenpflege, Physiotherapie, Hebammenschule oder von Laborberufen hat sich in Heidelberg ein schulinternes Förderkonzept mit integrierter Kurzzeittherapie bewährt. Hier unterstützen Lehrende und Schulleitung der Akademie für Gesundheitsberufe mit der Psychosozialen Beraterin gemeinsam traumatisierte und anderweitig psychisch belastete Auszubildende in der Bewältigung von Übergangsproblematiken vom Jugendlichen zum Erwachsenen.

Fallbeispiel 1 (Kurze Beratungsgespräche):
Von der inoffiziellen Leitung zur inneren Kündigung
Ausgangssituation

Eine bei Vorstellung sechzigjährige Mitarbeiterin war mit ihrer Zustimmung als inoffizielle Vertretung zur Teamleitung für zwei Jahre ausgewählt worden. Mit der später neu eingestellten dauerhaften Teamleitung kam es zu Umstrukturierungen und Personaländerungen. Als Dienstälteste fühlte sie sich nicht mehr gefragt und wertlos, entwickelte Gefühle von Enttäuschung, Traurigkeit, Wut und daraus eine Haltung der sogenannten inneren Kündigung. Sie kam in die Beratung, um selbstwirksame Entwicklungsentscheidungen treffen zu können.

Verlauf

Anhand der Innenschau der der *inneren Teammitgliedern* der Mitarbeiterin wurde ihre aktuelle Rollenkonfusion deutlich. Sie ließ die ihr bewusstwerdenden konfligierenden Rollen miteinander in den Austausch gehen: »Wofür seid ihr zusammengekommen?«, »Was sind eure unterschiedlichen Anliegen?«, »Wie arbeitet ihr miteinander und gegeneinander?«.

Im inneren Beratungsgespräch mit allen Anteilen und ihrem Selbst als Hauptansprechperson erkannte sie einerseits das Bedürfnis altersgerecht zu arbeiten, mit Blick auf eine freudige Zukunft im Rentenleben mit ihrem Mann. Andererseits fehlte ihr die Wertschätzung und Anerkennung ihrer Jahrzehnte langen Leistung und der Respekt für ihre Verlässlichkeit und Teamfähigkeit. »*Ich war nie wegen Krankheit zuhause geblieben.*« Im Verlauf entwickelte die Mitarbeiterin Ideen zu einer Versöhnung mit ihren Vorgesetzten.

Abschluss

Nach acht Beratungsgesprächen bat sie ihre Vorgesetzten um ein offizielles Übergabegespräch über Rollen- und Kompetenzverteilung in der Teambesprechung. Die Mitarbeiterin war danach mit ihrem Anliegen einer nachträglichen würdevollen Übergabe des Leitungswechsels zufrieden. Eine Restunzufriedenheit mit der von ihrer erlebten Achtlosigkeit auf der Leitungsebene blieb bestehen und ihr Wunsch nach einer Teamsupervision erfüllte sich nicht.

Fallbeispiel 2 (Coaching): Als unberechenbar erlebte Führungskraft fördert Spekulationen und Existenzangst

Ausgangssituation

Eine über fünfzigjährige Mitarbeiterin erhielt von ihrer Teamleitung ohne eine für sie erklärbare Logik extrem einschränkende Arbeitsanweisungen mit bedrohlich wahrgenommenen Kontrollen. Dies erinnerte sie daran, dass vor Jahren ihre gleichaltrigen Kolleginnen durch eine frühere Teamleitung aus ungerechtfertigten Gründen »gegangen wurden«. Im Team spekulierte man nun über einen erneuten »organisierten Generationenwechsel«. Aktuell war sie überzeugt: »Und jetzt will man mich auch loswerden.« Wieder überwältigt von der damaligen Ohnmacht als mitfühlende Außenstehende griff sie die aktuelle Teamleitung heftig an. Dysfunktionale Gespräche zwischen den beiden eskalierten bis hin zu Verhandlungen mit dem Personalrat, der Personalabteilung und einem extern beratenden Rechtsanwalt.

Verlauf

Durch einen stabilen Beziehungsrahmen wurde zunächst eine verlässliche Grundlage für Vertrauensaufbau und Angstbewältigung zwischen ihr und der Beraterin geschaffen: »Ich vertraue Ihnen, weil sie mich bis zuletzt in der Krise begleiten werden. Es geht hier nicht um Schuld, sondern um Zuhören, Analysieren und gemeinsam ehrlich nach den unterschiedlichen Wahrnehmungen schauen. Das gibt mir wieder Sicherheit im Nach-Vorn-Denken.«

Mithilfe der systemischen »Prozess-Mitsteuerung« (v. Schlippe u. Schweitzer, 2019, S. 15 ff.) wurde sie durch die sich schnell ändernden Vorgaben der Arbeitsbedingungen geführt. Der Coachingverlauf gliederte sich wie folgt:

1. Psychische Stabilisierung durch Entlastung von der Ohnmacht sowie durch Bewältigung der Angst; Relativierung von Befürchtungen und bedrohlichen Prophezeiungen durch Imaginationsübungen.
2. Unterschiedsbildungen durch hilfreiche Fragen vom Typ: »Worin liegen Gemeinsamkeiten und Unterschiede zwischen damals und heute?«
3. Durch die Teilearbeit und Perspektivenerweiterung (Schulz von Thun, 1998) findet die Klientin wieder in ihre Selbstwirksamkeit,

beobachtet mit mehr emotionalem Abstand die Machtstruktur der Teamleitung und findet eigene gute Lösungsstrategien. Hilfreiche Fragen lauten:
- Welche Ihrer inneren Anteile sind in diesem Konflikt mitbeteiligt? Welche Erfahrungen haben diese inneren Anteile in der Vergangenheit gemacht? Was raten diese Ihnen?
- Welchen inneren Anteil möchten Sie als stärkenden Begleiter mit zur täglichen Arbeit oder ins Gespräch mit dem Vorgesetzten nehmen?
- Welche Zielsetzungen verfolgen Ihrer Vermutung nach Ihre Vorgesetzten – und wie realistisch sind diese Ihre Vermutungen?
4. Ressourcen aktivieren, eine nützliche Frage kann zum Beispiel wie folgt lauten: Welche eigenen Fähigkeiten möchten Sie zur Konfliktlösung in der nächsten Zeit nutzen?

Abschluss

Nach 12 Sitzungen in eineinhalb Jahren bekam sie das Angebot eines internen Stellenwechsels. Parallel zu ihrer speziellen Situation wandte sich ihr Team geschlossen an die Teamleitung und dessen Vorgesetzten und wünschte ein konstruktives Klärungsgespräch mit allen Mitarbeitenden über die als unzufriedenstellend erlebte Führung des Teamleiters.

Fallbeispiel 3 (Kurzzeittherapie):
Frühere Traumatisierung löst Prüfungsangst aus
Ausgangssituation
Eine 21-jährige Auszubildende in Gesundheitsberufen wurde von der Schulleitung wegen starker Prüfungsangst, Schulvermeidung und Verhaltensauffälligkeiten zur Psychosozialen Beratung geschickt. In Absprache mit ihr, der Schulleitung und der Lehrerin entwickelte

sich eine zweijährige Therapie bei mir, unterbrochen von einer stationären Therapie. Einen Wechsel in eine externe ambulante Therapie lehnte sie ab.

Verlauf

Die von der Schülerin nicht freiwillig aufgesuchte Beratung bedurfte zuerst einer gemeinsamen Suche nach ihrem eigenen Auftrag: Wofür könnte es ganz allein für sie hilfreich sein, dass sie trotz allem zu den Gesprächen kommt? Sie brauche auch niemandem Rechenschaft darüber abgeben. Die junge Auszubildende wollte schließlich ihre akute Prüfungsangst bearbeiten, um mit dem Examen ihren gewünschten Beruf zu erlangen. Hilfreiche Fragen waren dabei:

- Wie sieht die Angst genau aus? Wer ist mit an diesem Angst-Kontext beteiligt? Wie würde sich Ihr Leben ändern, wenn die Angst noch größer oder umgekehrt ganz klein und sich schließlich ganz auflösen würde?
- Wie genau möchten Sie eine gelingende Prüfungssituation für sich erleben?
- Wie sehen Ihre weiteren Lebens- und Berufspläne nach der Prüfung aus?

Im weiteren Prozess stellte sich heraus, dass die Klientin an einem »lebenslangen und schweren Schicksal litt, worüber sie mit noch niemandem gesprochen habe«. Es begann eine komplexe Traumatherapie nach dem Konzept von Reddemann (2021) zur Bewältigung von Gewalterfahrungen und sexuellen Übergriffen in ihrer eigenen Familie während ihrer Kindheit.

Abschluss

In acht Therapiesitzungen lernte die Klientin ihre Angst besser zu erkennen, diese zu verstehen und zu bewältigen. Sie fühlte sich für die Prüfung emotional gefestigt und beschloss, nach der Examensprüfung eine Psychotherapie wie auch darauffolgend eine Familientherapie aufsuchen zu wollen.

Entwicklungstendenzen innerbetrieblicher psychosozialer Beratung

Die hier beschriebene Arbeit findet mittlerweile auch in vielen anderen Universitäts- und Versorgungskrankenhäusern in ähnlicher Form statt. Genutzt wird sie vor allem von besonders belasteten und unterstützungssuchenden Berufsgruppen etwa in der Pflege und in den Serviceberufen. Die lokalen Formen unterscheiden sich im Umfang und in den fachlichen Orientierungen der Beraterinnen. Mancherorts werden anfangs drei bis fünf initiale Sitzungen im Betrieb angeboten, die dann ohne Beraterwechsel ihre Fortsetzung finden in ambulanten Psychotherapiepraxen oder außerbetrieblichen Beratungsstellen, in denen dieselben Psychsozialen Beraterinnen zur Hälfte ihrer Arbeitszeit arbeiten.

Interne Organisationsentwicklung einer Klinik

Kirsten Bikowski

Krankenhäuser stehen aktuell vor großen Herausforderungen, die Ökonomisierung schreitet voran, die Ansprüche der Patienten steigen und qualifizierte Mitarbeiter sind immer schwieriger zu finden. Die Mitarbeitenden sind das wichtigste Gut der Einrichtungen und die Konkurrenz um diese steigt aktuell stetig. Diese Situation wird sich perspektivisch aufgrund der demografischen Entwicklung noch weiter verschärfen (Schweitzer u. Bossmann, 2013). Um jener nachhaltig zu begegnen, müssen Kliniken sich um ihre Attraktivität bemühen. Das heißt, sich aktiv und kreativ mit der eigenen Kultur, den Strukturen und den Anforderungen auseinanderzusetzen, die die Mitarbeitenden an sie stellen. Chancenreiche Antworten auf diese Veränderungen bestehen darin, dass sich Einrichtungen im Gesundheitswesen bewusstmachen, worin ihr Wert liegt, wie ihre Geschichte und Kultur sich entwickelt hat, wer warum in diesem System arbeitet und wo daraus Schätze für die Zukunft gehoben werden können.

Anhand eines Beispiels aus der Klinik für Anästhesie des Universitätsklinikum Heidelberg mit ca. 200 ärztlichen Mitarbeiterinnen und Mitarbeitern sollen hier beispielhaft Ideen dazu und deren Umsetzung vorgestellt werden.

Die Idee

2017 kam es zu einem Mangel an qualifizierten ärztlichen Bewerbern. Zeitgleich hörte der Klinikleiter von einem prominenten Fußballbundesligatrainer, dass die kontinuierliche individuelle und Teambetreuung der Profispieler durch Psychologen zum Standard gehöre. Warum nicht auch in einer Universitätsklinik für Anästhesie mit 200 Ärztinnen, die in ihrem Bereich auch ständig Hochleistung bringen müssen? So stellte die Klinik, in Zusammenarbeit mit dem Institut für Medizinische Psychologie, eine in systemischem Coaching und Organisationsentwicklung qualifizierte Mitarbeiterin mit einer halben Stelle für die beiden Aufgabenbereiche »Interne Mitarbeiterberatung« und »Interne Personal- und Organisationsentwicklung« ein. Zielgruppe ihrer Arbeit sind ausschließlich die ca. 200 Ärzte der Klinik, die an vier verschiedenen Standorten arbeiten.

Ziel war und ist es, mehr hochqualifizierte Nachwuchsanästhesisten anzuziehen und hochqualifizierte erfahrene Kollegen möglichst lange zu binden. Viele Mitarbeiterabgänge haben auch erfreuliche Ursachen und Folgen: Mitarbeiter werden Chefärzte andernorts, sie folgen einer Chefärztin an in eine neue Klinik, oder lassen sich in eigener Praxis nieder. Vermieden werden sollen aber unnötige Abgänge, ausgelöst durch interpersonelle Konflikte, persönliche Krisen, ungeklärte Entwicklungsperspektiven oder unzureichende Mitarbeiterbetreuung. Es wurde eine klinikinterne, niedrigschwellig zugängige Mitarbeiterberatung eingerichtet und es wurden Organisationsprozesse identifiziert und verändert, die die Leistungsfähigkeit und Bindung aller Mitarbeiter unterstützen.

Bestandsaufnahme – Was ist nötig für die Organisation Not tat und würde ihr guttun

In den ersten drei Monaten des Projektes wurden Mitarbeitende aller Hierarchiestufen stichprobenartig an allen vier Standorten halbstrukturiert interviewt. Fragen waren z. B. »Weshalb sind Sie Anästhesist geworden?«, »Was macht Ihnen Freude an Ihrer Arbeit?«, »Weshalb sind Sie gern Anästhesist in dieser Klinik?«, »Was macht die Klinik aus?«, »Wo sehen Sie Entwicklungsmöglichkeiten für sich und für die Abteilung?«. Die Ärztinnen und Ärzte zeichneten ein vielfältiges Bild, bei dem sich einige Muster immer wiederholten und zu Entwicklungsthemen der ganzen Klinik zusammenfassen ließen.

Solche Themen waren »Orientierung und Begleitung der Assistenzärzte in der Weiterbildung«, »Meinen Platz finden als Fach- und Oberarzt«, »Dienstpläne – flexibel und familienfreundlich«, »Kommunikationskultur: Wertschätzung, Rückmeldung, Achtsamkeit«, und »Identifikation mit der Abteilung«. Bei der Diskussion der Entwicklungsfelder in Klinikleitung und Mitarbeiterversammlung wurden immer auch erste Lösungsansätze und Mitgestaltungsmöglichkeiten formuliert. Erste Projektgruppen mit engagierten Mitarbeitenden der Klinik, moderiert durch die Beraterin, konkretisierten diese in Form von Handlungsplänen.

Individuelle Beratungen und Coaching

Zu Beginn musste in Vertrauensarbeit investiert werden. Manche Mitarbeiter:innen kamen zum Schnuppern in die individuelle Mitarbeiterberatung, um Angebot und Beraterin kennenzulernen, aber noch ohne ein konkretes Anliegen. Das Vertrauen entwickelte sich allmählich. Wichtig war, dass trotz sichtbarer Nähe zur Leitung die versprochene Vertraulichkeit gewahrt wurde. Informelle Berichte einzelner Mitarbeiter über ihre Beratungserlebnisse im *Flurfunk* sowie Kontakte innerhalb der Projektgruppen schafften dieses Vertrauen. Nach einem halben Jahr fanden durchschnittlich vier bis fünf Beratungen, nach einem Jahr fünf bis sieben Beratungen pro Woche statt. Themen der Beratung sind u. a. die eigene klinikinterne Karriereentwicklung, für manche der Karriereprozess zum Chefarzt, Umgang mit Konflikten am Arbeitsplatz sowie niederschwellige Beratung bei persönlichen und psychischen Krisen, die gelegentlich in eine Weitervermittlung an Therapeuten münden können.

Fünf Jahre vorausschauen: Das Vision-Statement-Projekt

Im Vision-Statement-Projekt entwickelten alle Anästhesisten gemeinsam eine Vision, wie die Anästhesie in fünf Jahren aussehen sollte, welche Werte die Klinik vertritt, wie diese im Alltag gelebt werden können. In einem moderierten bottom-up Prozess konnten sich alle Mitarbeitenden in verschiedenen Stufen an der Erarbeitung des Vision-Statements beteiligen (Grossmann, Bauer u. Scala, 2015). Dazu gab es offene Treffen und die Möglichkeit, virtuell mit eigenen Ideen an dem Papier mitzuarbeiten – dies war wichtig auch für Mitarbeitende, die aufgrund ihrer Dienste nicht an den Treffen teilnehmen konnten. Nach eineinhalb Jahren war ein Vision-Statement mit dem Slogan »Unsere Expertise für Ihre Sicherheit« formuliert, in dem sich die Mitarbeiter der Abteilung wiederfanden, mit Zielen, an denen alle weiterarbeiten wollten. Deren Umsetzung wird durch neue Projektgruppen weiterentwickelt.

Ankommen in der Klinik: Das Onboarding-Programm

Eines der ersten Projekte adressierte das Ankommen in der Klinik. Es gab noch keine strukturierte Einarbeitung der neuen Mitarbeiter, die über die klinische Einarbeitung und Anleitung im OP-Alltag in den ersten Wochen durch einen erfahrenen Kollegen hinaus ging. Die neue Willkommenskultur sieht heute so aus: neue Mitarbeitende bekommen zwei Wochen vor Arbeitsbeginn eine Einladung mit Informationen zum Onboarding-Programm. In ihren ersten Arbeitstagen erhalten sie von einem erfahrenen Team kompakt alle wichtigen Informationen zur Klinik, deren Infrastruktur und ihren Ansprechpartnern. Am letzten Einführungstag findet abends ein Assistententreffen statt, bei dem die neuen Mitarbeitenden ihre Kollegen und Kolleginnen kennenlernen und erste Kontakte knüpfen können.

Eine Weiterentwicklung kam in Form eine Re-Boarding-Programms hinzu: Kolleginnen und Kollegen, die nach längerer Abwesenheit durch Elternzeit oder Krankheit wieder zurückkommen, soll durch das Programm der Einstieg erleichtert, das Vertrauen in die eigenen Fähigkeiten und Kenntnisse gestärkt und durch eine strukturierte Planung die Verfolgung der selbst gesteckten Ziele unterstützt werden.

Eins zu Eins: Das Mentoring Programm

In der hierarchischen Struktur (Simon, 2021) einer Universitätsklinik, die zwar viele fachliche Entwicklungsmöglichkeiten, aber oft wenig Möglichkeiten zur Einschätzung der eigenen Stärken und Schwächen bietet, unterstützt das interne Mentoringprogramm Assistenzärzte durch die Jahre ihrer Facharztweiterbildung hindurch mit einem strukturierten Eins-zu-Eins-Mentoring. Ziel ist die Begleitung durch einen erfahrenen Kollegen, der Orientierung im System, Unterstützung bei der Karriereplanung, fachliche Reflektion, Moderation in Konfliktfällen und Begleitung in der persönlichen Entwicklung anbieten kann. Daneben werden im Rahmen des Mentoring-Programms die Führungs-Skills der Mentoren weiter ausgebildet, die diese in ihre künftigen Funktionen, z. B. als Oberärzte mitnehmen.

Interne und externe Kommunikation

Aus dem Vision-Statement entstanden verschiedene Ideen, wie die interne und externe Kommunikation verbessert werden könnten. In einem ersten Schritt wurden Rotationsgespräche etabliert. Assistenzärzte rotieren oft in schneller Abfolge zwischen Einsatzorten und zwischen Früh-, Spät-, Nacht- und Wochenenddiensten. Zur besseren Einarbeitung am neuen Einsatzort wurde ein Konzept für Rotationsgespräche mit dem jeweiligen Bereichsoberarzt am Anfang und am Ende einer Rotation entwickelt. Diese dienen am Anfang der Orientierung über Anforderungen und Aufgaben, dem gegenseitigen Kennenlernen und einer realistischen Einschätzung der bereits vom Assistenzarzt mitgebrachten Fähigkeiten. Am Ende der Rotation geben sich Assistent und Oberarzt gegenseitig Feedback – dem Assistenten zu seinen Lernfortschritten, dem Oberarzt zu seinem Ausbildungs- und Führungskraftverhalten. Für diese Rotationsgespräche finden regelmäßig Schulungen statt.

Ebenso wurden zur besseren Informationsvermittlung verschiedene Strategien entwickelt. Kommunikationslinien sind entlang der Hierarchieebenen horizontal und vertikal entstanden, um die strategischen Entscheidungen besser zu vermitteln und eine verlässliche Diskussionsbasis zu schaffen, die Teilhabe ermöglicht.

Eine bereits existierende Onlineplattform wurde als Kommunikationstool weiterentwickelt, um unabhängig vom Einsatzort schnell an die richtigen Informationen zu gelangen. Parallel dazu wurde ein interner Newsletter konzipiert, der einmal im Quartal, parallel zur Mitarbeiterversammlung, alle aktuellen Informationen und Entwicklungen vermittelt, aber auch persönlichenterne und unterhaltsame Aspekte enthält.

Beratung der Klinikleitung

Auch die ärztliche Leitung profitiert von einer Beratung, die kontinuierlich Informationen und Stimmungen aus der Abteilung aufnimmt, diese mit den aktuellen Geschehnissen und Plänen in Verbindung setzen und so Hinweise für das weitere Vorgehen geben kann, welche Informationen und Interventionen als Nächstes strategisch sinnvoll sein könnten. Durch Beteiligung der Beraterin an den Bewerbungs- und Mitarbeitergesprächen, an Besprechungen auf den verschiedenen Hierarchieebenen und durch Rückmeldungen aus der Abteilung kann wertvolles Feedback an den Chefarzt erfolgen, welches ihm sonst meist nur schwer zugänglich ist.

Fazit

Hochqualifizierte, motivierte und loyale Mitarbeiter sind das zentrale Gut jeder klinischen Disziplin in der Krankenversorgung. Das eingangs gesteckte Ziel, mehr hochqualifizierte Nachwuchsanästhesisten und sogenannte High Potentials anzuziehen, konnte mit den oben dargestellten Maßnahmen übertroffen werden. Auch ein unnötiges Verlassen der Klinik konnte reduziert werden, im weiteren Verlauf konnten immer mehr Mitarbeitende an die Klinik gebunden werden, der turn-over hat sich deutlich reduziert.

Die systemische Organisationsentwicklung (Königswieser u. Hillebrand, 2019) bietet mit ihren Herangehensweisen und Methoden hilfreiche Möglichkeiten, den aktuellen und zukünftigen Herausforderungen zu begegnen und für die jeweiligen Klinik oder Abteilung passgenaue Lösungen zu erarbeiten.

Die Besonderheit des hier beschriebenen Projektes ist, dass das ganze systemische Beratungsspektrum (ausführlich dargestellt in v. Schlippe u. Schweitzer, 2019) gut integriert zur Anwendung kommt, z. B. in den Settings Einzelcoaching, Führungskräfteberatung, Teamentwicklung, Konfliktmoderation, Supervision und Organisationsberatung. Es ist darauf hinzuweisen, dass es sich hierbei um eine einzige Klinik mit dem Fokus auf eine einzelne Berufsgruppe, die der Ärzte (mit über 200 Ärzten die größte Gruppe in einer Heidelberger Einzelklinik) handelt. Dies ist nach unserem Kenntnisstand das erste integrierte Modell dieser Art. In der Uniklinik Heidelberg ist vor Kurzem mit einem weiteren internen, professionell begleiteten Fusionsprojekt von zwei Intensivstationen nun ein weiteres Projekt nach diesem Modell gestartet und wir freuen uns, dass das Modell Schule macht.

Am Ende

Wie arbeiten wir? Das Wichtigste in aller Kürze

Antonia Drews, Jochen Schweitzer und Kirsten Bikowski

Dieses abschließende Kapitel fasst in fünf Abschnitten die Grundregeln unserer Arbeitsweise, quer über die einzelnen Arbeitsformen, noch einmal kompakt zusammen.

1. Werte und Prinzipien: Mit welchen Haltungen begegnen wir unseren Klientinnen?

Problem- und Lösungsorientierung: Wir wenden ausreichend Zeit auf, die Probleme zu verstehen, mit denen unsere Klientinnen zu uns kommen. Wir fragen: Worin genau besteht das Problem? Wer ist an der Problemlage beteiligt? Wer leidet daran? Wann hat das Problem angefangen? Was erschwert derzeit seine Lösung?

Mindestens genauso viel Zeit verwenden wir auf das Erkunden von Ressourcen und Lösungsversuchen: Was läuft trotz allem gut? Wo steckt Motivation für Veränderung? Wie sähe eine Zukunft nach Ende des vorliegenden Problems aus? Auf welche derzeitigen Kompetenzen kann aufgebaut werden? Wer könnte dabei helfen?

Neutralität und Positionierung: Wir stellen Fragen, bieten Zusammenfassungen dessen an, was wir verstanden haben, und stellen Beobachtungen darüber zur Verfügung, was uns relevant, ungewöhnlich, überraschend usw. erscheint – ohne vorgefertigte Ideen über richtige und falsche Wege. Zudem bieten wir eigene Ideen an, die zur Problemlösung beitragen können.

Respekt gegenüber Personen und Organisationen bei gleichzeitiger Respektlosigkeit gegenüber ihren Ideen: Wir verbinden eine respektvolle Grundhaltung und Mitgefühl gegenüber den Schicksalen unserer Klientinnen einerseits mit einer Freude am Infragestellen leiderzeugender vermeintlicher Gewissheiten. Zuweilen hilft dabei Humor – ohne dabei Klientinnen ihre mögliche Belastung abzusprechen.

Neugier auf das Gute im Schlechten und das Schlechte im Guten: Wir lassen uns von einer Skepsis gegenüber Eindeutigkeit leiten. Viele zwischenmenschliche Probleme bestehen auch deshalb fort, weil sie positive (Teil-)Aspekte beinhalten, die möglicherweise auf den ersten Blick nicht gleich auffallen. Umgekehrt haben auch vermeintlich leuchtende, positive Entwicklungen ihre Schattenseiten. Für beide dieser Seiten interessieren wir uns.

2. Vielfalt, Flexibilität, Setting-Wechsel

Grundsätzlich entwickeln wir nach der Auftragsklärung ein Beratungsdesign, auf dessen Grundlage die Fragestellung gemeinsam mit den Beteiligten fruchtbar bearbeitet werden kann. Hierfür bieten wir unterschiedliche Gesprächssettings an, zwischen denen wir manchmal im selben Beratungsprozess wechseln. So kann sich aus einer Teamberatung ein ergänzendes Einzelcoaching für die Leitungsperson entwickeln, ein Einzelcoaching kann den Bedarf nach einer Teamberatung anzeigen. Dabei sind wir stets an Multiperspektivität interessiert: Auch in der Teamberatung versuchen wir, auf die Bedürfnisse und Prozesse der einzelnen Beteiligten zu achten, auch im Einzelcoaching behalten wir den anfangs häufig noch schwer erkennbaren Einfluss der Organisation im Blick. Konfliktmediationen führen wir in einem sehr strukturierten Setting durch:

Klare Regeln und Vorgehensweisen bieten einen schützenden Rahmen, in dem offen und konstruktiv schwierige Themen besprochen und gemeinsame Lösungen entwickelt werden können. Ergebnisse werden festgehalten und Handlungsvereinbarungen zwischen den beteiligten Konfliktparteien getroffen. Organisationsentwicklungsprozesse begleiten wir auftragsabhängig im Rahmen von Halb- oder Ganz-Tagesveranstaltungen. Je nach Fragestellung können Setting und Dosis der Beratungseinheiten variieren.

3. Passung: Wie finden unsere Klientinnen die für sie richtige Beratung, und woran erkennen Sie, ob sie in einer solchen gelandet sind?

Auf der Suche nach geeigneten Beratern lohnt sich neben dem Blick auf Homepages und Prospekte vor allem das Herumhorchen im eigenen Netzwerk: Wer hat mit welchen Beratungen schon welche Erfahrungen gemacht?

Nach der Kontaktaufnahme erfolgt ein Erstgespräch. Hier gilt es herauszufinden, ob Berater und Klient zusammenpassen, welche Themen im Vordergrund stehen und wie eine Unterstützung konkret aussehen kann. Für Klientinnen (aber auch für Beraterinnen) empfiehlt es sich, in diesem Erstkontakt auf das eigene »Bauchgefühl« zu hören: Empfinde ich als Klientin Vertrauen und fühle mich gut aufgehoben? Fühle ich mich verstanden, auch in meinen Zielen und Absichten? Aufkommendes Unbehagen sollten Klientinnen sogleich ansprechen und die Reaktion des Beraters beobachten: Ist sie/er offen für kritische Rückmeldungen und Kurskorrekturen? Basierend auf diesen Informationen kann eine gemeinsame Entscheidung für (oder gegen) eine Zusammenarbeit getroffen und weitere Schritte vereinbart werden.

4. Abschluss: Wann ist zu Ende beraten?

Schluss der Beratung ist dann, wenn die Klienten ihren Auftrag als erfüllt ansehen oder nicht mehr an seine Erfüllung glauben. Grundsätzlich arbeiten wir möglichst sparsam und mit dem Ziel, uns möglichst bald wieder aus dem Leben unserer Klientinnen zu verabschieden. Allerdings gibt es zahlreiche gut begründete Ausnahmen von dieser Regel. Für die Beratung gilt, was auch für jedes andere Heilmittel gilt: So viel wie nötig, so wenig wie möglich.

5. Grenzen der Beratung

Beratung löst nur manche Probleme im Krankenhaus. Oft ist sie, um erfolgreich zu werden, auf ergänzende »handfeste« strukturelle Maßnahmen angewiesen, z. B. eine Personalaufstockung, die Installation eines Springerdienstes oder auf angemessene apparative Ausstattung und technische Hilfsmittel. Häufig werden solche Maßnahmen nicht priorisiert und umgesetzt, da die gegenwärtigen gesundheitspolitischen Rahmenbedingungen einen erheblichen wirtschaftlichen Druck erzeugen, der zu Unterfinanzierung, Personalmangel und einer hohen Fluktuation von Fachkräften in fast allen Krankenhäusern führt.

Unter einer solchen Ressourcenknappheit wird Beratung häufig zu einer Art Überlebensberatung entlang der Frage: Wie können Klientinnen sich in schwierigen Arbeitssituationen ein Maß an Selbstwirksamkeit und Handlungsspielraum erhalten, das zumindest mittelfristig ein gutes Arbeitsleben ermöglicht? Grundsätzlich vermeiden wir es, Probleme (und ihre Lösungen) zu individualisieren, sondern reflektieren gesundheitspolitische Spielregeln und beziehen klinikinterne Entscheidungsträgerinnen mit in den Beratungsprozess ein. Vorgesetzte ermuntern wir, ihren Mitarbeiterinnen die erwartbaren künftigen personellen und finanziellen Grenzen und Möglichkeiten so offen wie möglich darzustellen – Transparenz und Klarheit auch zu schwierigen Entwicklungen erleichtern den Mitarbeitenden eine eigene, realistische, mündige und von organisationsinternen Flurfunkgerüchten unabhängige Meinungsbildung.

Wir nehmen in der Beratung vor allem interpersonelle Muster in den Blick und versuchen, entlastende Veränderungen in der Zusammenarbeit zu erwirken. Dabei spielt Solidarisierung eine entscheidende Rolle: Wie können sich Teammitglieder, Abteilungen und Kliniken sowohl untereinander als auch team-, abteilungs- und klinikübergreifend austauschen, gemeinsame Lösungen entwickeln, Forderungen formulieren und an den passenden Stellen vortragen?

Literaturverzeichnis

Aiken, L. H., Sermeus, W., Van den Heede, K., Sloane, D. M., Busse, R., McKee, M., Bruyneel, L., Rafferty, A. M., Griffiths, P., Moreno-Casbas, M. T., Tishelman, C., Scott, A., Brzostek, T., Kinnunen, J., Schwendimann, R., Heinen, M., Zikos, D., Sjetne, I. S., Smith, H. L., Kutney-Lee, A. (2012). Patient safety, satisfaction, and quality of hospital care: cross sectional surveys of nurses and patients in 12 countries in Europe and the United States. BMJ, 344:e1717, 1–14.

Angerer, H. Gündel, S. Brandenburg, A. Nienhaus, S. Letzel, D. Nowak (Hrsg.) (2019). Arbeiten im Gesundheitswesen. Landsberg am Lech: ecomed Medizin.

Arbeitskreis Ökonomie im Gesundheitswesen der Schmalenbach-Gesellschaft für Betriebswirtschaft e. V. (2018). Digitalisierung im Krankenhaus: Technische Entwicklungen und deren Implikationen für Behandlungsprozesse. In: Krause, S., Pellens, B. (Hrsg.). Betriebswirtschaftliche Implikationen der digitalen Transformation. ZfbF-Sonderheft, 72 (17). Wiesbaden: Springer Gabler.

Bär, S., Starystach, S. (2018). Psychische Belastungen des Pflegepersonals im Krankenhaus: Effekte von Status und Organisationsstrukturen. Das Gesundheitswesen, 80 (08/09), 693–699.

BAuA (2020). Stressreport Deutschland 2019: Psychische Anforderungen, Ressourcen und Befinden. Dortmund: Bundesanstalt für Arbeitsschutz und Arbeitsmedizin.

Becker, K. (2016). Loyale Beschäftigte – ein Auslaufmodell? Zum Wandel von Beschäftigtenorientierungen in der stationären Pflege unter marktzentrierten Arbeitsbedingungen. Pflege und Gesellschaft, 21(2), 145–161.

Bikowski, K., Weigand, M., Ditzen, B., Schweitzer, J. (2021). Lernen von der Bundesliga. Führen und Wirtschaften im Krankenhaus, 38 (5), 452–455.

Born, M. (2020). Zur Bewältigung von Dilemmasituationen im Krankenhaus. Wie gehen mittlere Führungskräfte mit Ambiguitäten um und lässt sich der Umgang trainieren? Medizinische Fakultät Universität Heidelberg: Dissertation.

Born, M., Drews, A., Bossmann, U., Zwack, J., Schweitzer, J. (2020). Vom Reflex zur bewussten Entscheidung. Die Wirkung eines Dilemma-Kompetenz-Trainings für mittlere Führungskräfte im Krankenhaus. Organisationsberatung, Supervision, Coaching, 27 (3), 365–382.

Bossmann, U. (2020). Seelische Gesundheit im Dilemma. Eine explorative Studie zur Förderung der psychischen Gesundheit mittlerer Führungskräfte. Medizinische Fakultät Universität Heidelberg: Dissertation.

Bossmann, U., Ditzen, B., Schweitzer, J. (2016). Organizational stress and dilemma management in mid-level industrial executives: An exploratory study. Mental Health & Prevention, 4(1), 9–18.

Bräutigam, C., Enste, P., Evans, M., Hilbert, J., Merkel, S., Öz, F. (2017). Digitalisierung im Krankenhaus: Mehr Technik – bessere Arbeit? In: Hans-Böckler-Stiftung (Hrsg). Study No. 364. Düsseldorf: Hans-Böckler-Stiftung.

Cummings, G. G., MacGregor T, Davey, M., Lee, H., Wong, C. A., Lo, E., Muise, E., Stafford, E. (2010). Leadership styles and outcome patterns for the nursing workforce and work environment: A systematic review. International Journal of Nursing Studies, 47 (3), 363–385.

Debatin, J., Goyen, M., Schmitz, C. (2006). Zukunft Krankenhaus. Überleben durch Innovation. Berlin: ABW Wissenschaftsverlag.

Drews, A. (2021) Dilemmakompetenz und seelische Gesundheit von Krankenhausmitarbeitenden: Zwei Studien zu den Möglichkeiten und Grenzen psychosozialer Interventionsprojekte. Medizinische Fakultät Universität Heidelberg: Dissertation.

Drews, A., Born, M., Küllenberg, J., Zwack, J., Schweitzer, J., Bossmann, U. (2022). Entscheidungs- und Handlungsspielräume in organisationalen Dilemmata erkennen und nutzen. Ein Training zur individuellen und kollektiven Dilemmakompetenz. Zeitschrift für Organisationsentwicklung (ZOE), in Druck.

Förster, H.v. (2003). Ethics and Second-order Cybernetics. In: Förster, H.v. (Hrsg.). Understanding understanding: Essays on cybernetics and cognition (S. 287–304). New York: Springer.

Friedrich, H., Schulz, R. (2020). Vertrauen schaffen und Lösungen anbieten. Public Affairs in der Gesundheitspolitik zwischen Produktlobbying und Patienteninteressen. In: Pfannstiel, M., Rasche, C., Braun von Reinersdorff, A., Knoblach, B., Fink, D. (Hrsg.). Consulting im Gesundheitswesen (S. 317–331). Wiesbaden: Springer Gabler.

Fromm, E. (1976). Haben oder Sein. Die seelischen Grundlagen einer neuen Gesellschaft. (46. Aufl.). München: Deutsche Verlags-Anstalt.

Glasl, F. (2014a). Der heimliche Krieg. Wie können wir mit der Dynamik kalter Konflikte konstruktiv umgehen? Konfliktdynamik, 3(2), 101–109.

Glasl, F. (2014b). Eskalationsdynamik – zur Logik von Affektsteigerungen. Konfliktdynamik, 3(3), 190–199.

Greenberg, L. S. (2015). Emotion-Focused Therapy. Coaching Clients to Work Through Their Feelings (2. Aufl.). Washington D. C.: American Psychological Association.

Gündel, H., Born, M., Drews, A., Mulfinger, N., Junne, F., Müller, A., Angerer, P., Schweitzer, J. (2020). Gesundheit von Krankenhauspersonal. Kaum Spielräume für Verbesserungen. Deutsches Ärzteblatt, 117 (47), 2281–2286.

Grossmann, R., Bauer, G., Scala, K. (2015). Einführung in die systemische Organisationsentwicklung. Heidelberg: Carl-Auer Systeme.

Harvey, S. B., Modini, M., Joyce, S., Milligan-Saville, J. S., Tan, L., Mykletun, A., Bryant, R. A., Christensen, H., Mitchell, P. B. (2017). Can work make you mentally ill? A systematic meta-review of work-related risk factors for common mental health problems. Occupational and Environmental Medicine, 74(4), 301–310.

Hartog, C. S. (2019). Ich kann nicht mehr: Burn-out – eine Aufrüttelung. Medizinische Klinik – Intensivmedizin und Notfallmedizin, 114 (8), 693–698.

Hofmann, T. (2020). Manager*innen ihrer eigenen Krankheit. Gesundheit braucht Politik – Zeitschrift für eine soziale Medizin, 4, 12–15.

Joachim, S. C., Bitzinger, D., Arnold, H., Lermann, J., Oechtering, T. H., Schott, S., Schulte, K., Raspe, M. (2020). Die Arbeits- und Weiterbildungssituation junger Ärztinnen und Ärzte in Deutschland – eine zusammenfassende Analyse von Befragungsergebnissen aus sechs Fachrichtungen. Gesundheitswesen, 82 (03), 227–235.

Königswieser, R., Hillebrand, M (2019). Einführung in die Systemische Organisationsberatung (10. Aufl.). Heidelberg: Carl-Auer Systeme.

Kroll, L., Müters, S., Schumann, M., Lamper, T. (2017). Wahrnehmung gesundheitsgefährdender Arbeitsbedingungen in Deutschland. Journal of Health Monitoring, 2 (4), 124–128.

Krzeslo, E., Lebeer, G., De Troyer, M. (2014). Workers' strategies to cope with increasing deterioration of working conditions in the cleaning sector. Work, 47 (4), 463–471.

Küllenberg, J. K., Becker, S., Körner, M. (2021). The team leader coaching programme (TLCP) – a programme to implement team coaching in rehabilitation clinics–a feasibility study. Leadership in Health Services, 34 (2). 131–145.

Küllenberg, J., Born, M., Drews, A., Pfisterer, M., Birke, L., Greiving, J., Hilz-Ward, C., & Schweitzer, J. (2021). Caught in contradiction – dilemmas and their consequences experienced by health care managers in German hospitals, (Under Review).

Luhmann, N. (2011). Organisation und Entscheidung (3. Aufl.). Wiesbaden: VS Verlag für Sozialwissenschaften.

Marburger-Bund. (2019). Befragung von Ärzt*innen zu ihrer Arbeits- und Gesundheitssituation – die wichtigsten Ergebnisse. https://www.marburger-bund.de/sites/default/files/files/2019-12/Factsheet-C3%84rztInnen_MB_final_1.pdf (Zugriff am: 10.09.2021).

Merda, M., Braeseke, G., Kähler, B. (2014). Arbeitsschutzbezogene Herausforderungen der Beschäftigung ausländischer Pflegekräfte in Deutschland. In: Berufsgenossenschaft für Gesundheitsdienst und Wohlfahrtspflege (Hrsg.), Schlussbericht. Hamburg: BGW.

Mulfinger, N., Sander, A., Stuber, F., Brinster, R., Junne, F., Limprecht, R., Jarczok, M. N., Seifried-Dübon, T., Rieger, M. A., Zipfel, S., Peters, M., Stiawa, M., Maatouk, I., Helaß, M., Nikendei, C., Rothermund, E., Hander, N., Ziegenhain, U., Gulde, M., Genrich, M.m Worringer, B., Küllenberg, J., Blum, K., Süß, S., Gesang, E., Ruhle, S., Müller, A., Schweitzer-Rothers, J., Angerer, P., Gündel, H. (2019). Cluster-randomised trial evaluating a complex intervention to improve mental health and well-being of employees working in hospital – a protocol for the SEEGEN trial. BMC Public Health, 19: 1694.

Neff, K. (2003). Self-compassion: an alternative conceptualization of a healthy attitude toward oneself. Self and Identity, 2 (2), 85–101.

Neubrand, S. (2014). Impathie – Grundlage für eine gelingende Beziehung mit sich selbst und mit anderen. Systemische Pädagogik, 4, 62–66.

Panagioti, M., Geraghty, K., Johnson, J., Zhou, A., Panagopoulou, E., Chew-Graham, C., Peters, D., Hodkinson, A., Rhiley, R., Esmail, A. (2018). Association Between Physician Burnout and Patient Safety, Professionalism, and Patient Satisfaction: A Systematic Review and Meta-analysis. JAMA Intern Med, 178 (10), 1317–1331.

Pantenburg, B., Kitze, K., Luppa, M., König, H.-H., Riedel-Heller, S. G. (2018). Physician emigration from Germany: insights from a survey in Saxony, Germany. BMC health services research, 18: 341.

Raspe, M., Koch, P., Zilezinski, M., Schulte, K., Bitzinger, D., Gaiser, U., Hammerschmidt, A., Köhnlein, R., Puppe, J., Tress, T., Uden, T., Nienhaus, A. (2020). Arbeitsbedingungen und Gesundheitszustand junger Ärzte und professionell Pflegender in deutschen Krankenhäusern.

Bundesgesundheitsblatt – Gesundheitsforschung – Gesundheitsschutz, 63 (1), 113–121.

Reddemann, L. (2021). Psychodynamisch Imaginative Traumatherapie PITT. Ein Mitgefühl- und Ressourcen-orientierter Ansatz in der Psychotraumatologie (11. Aufl.). Stuttgart: Klett-Cotta.

Riedlinger, I., Fischer, G., Lämmel, N., Höß, T. (2020). »Leasing ist wie ein stummer Streik« – Zeitarbeit in der Pflege. Arbeits- und Industriesoziologische Studien, 13 (2), 142–157.

Roche, J. (2014). Sprache und Beruf. Zur Frage der Deutschkenntnisse in medizinischen Berufen. Bayerisches Ärzteblatt, 6, 316–318.

Rüegg-Stürm, J. (2007). Krankenhäuser unter Druck: Die Prozessqualität ist die Grundlage. Deutsches Ärzteblatt, 104 (50), 3464–3467.

Schlippe, A.v., Jansen, T. (2020). Das Erwartungskarussell als Instrument zur Klärung komplexer Situationen im Coaching – vorgestellt am Beispiel der Nachfolge im Familienunternehmen. Konfliktdynamik 9 (2), 125–131.

Schlippe, A.v., Schweitzer, J. (2016). Lehrbuch der systemischen Therapie und Beratung: Das Grundlagenwissen (3. Aufl.). Göttingen: Vandenhoeck & Ruprecht.

Schlippe, A.v., Schweitzer, J. (2019). Systemische Interventionen (4. Aufl.). Göttingen: Vandenhoeck & Ruprecht (UTB).

Schmid, K., Drexler, H., Fischmann, W., Uter, W., Kiesel, J. (2011). Welche Berufsgruppen an einem Klinikum sind besonders beansprucht? DMW-Deutsche Medizinische Wochenschrift, 136 (30), 1517–1522.

Simon, F. B. (2021). Einführung in die systemische Organisationstheorie (8. Aufl.). Heidelberg: Carl-Auer Systeme.

Statistisches Bundesamt (Destatis) (2021). Gesundheit. Grunddaten der Krankenhäuser 2019. https://www.destatis.de/DE/Themen/Gesellschaft-Umwelt/Gesundheit/Krankenhaeuser/Publikationen/Downloads-Krankenhaeuser/grunddaten-krankenhaeuser-2120611197004 (Zugriff am: 03.10.2021).

Schweitzer, J., Born, M., Drews, A., Zwack, J., Bossmann, U. (2019). Dilemmaerleben und Dilemmakompetenz mittlerer Führungskräfte im Krankenhaus. In P. Angerer, H. Gündel, S. Brandenburg, A. Nienhaus, S. Letzel, D. Nowak (Hrsg.), Arbeiten im Gesundheitswesen (S. 290–300). Landsberg am Lech: ecomed Medizin.

Schweitzer, J., Bossmann, U. (2013). Systemisches Demografiemanagement. Wie kommt Neues zum Älterwerden ins Unternehmen? Wiesbaden: Springer VS.

Schweitzer, J., Bossmann, U., Zwack, J (2016). Konfliktsituationen im Coaching. Psychotherapeut, 61, 110–117.

Storch, M. (2016). Machen Sie doch, was Sie wollen! Wie ein Strudelwurm den Weg zu Zufriedenheit und Freiheit zeigt (2. Aufl). Bern: Hogrefe.

Schulz von Thun, F. (1998). Miteinander reden: 3. Das »Innere Team« und situationsgerechte Kommunikation. Reinbek bei Hamburg: Rowohlt.

Weick, K. E., Sutcliff, K. M. (2016). Das Unerwartete managen: Wie Unternehmen aus Extremsituationen lernen (3. Aufl.). Stuttgart: Schäffer-Poeschel.

Zuberi, D. (2013). Cleaning Up: How Hospital Outsourcing Is Hurting Workers and Endangering Patients. Ithaka, NY: Cornell University Press.

Zwack, J., Nöst, S., Schweitzer, J. (2009). Zeitdruck im Krankenhaus. Arzt und Krankenhaus, 3, 68–75.

Zwack, J., Bossmann, U. (2017). Wege aus beruflichen Zwickmühlen: Navigieren im Dilemma. Göttingen: Vandenhoeck & Ruprecht.

Zwack, J., Schweitzer, J. (2009). Bausteine systemischer Führungskräftetrainings. Organisationsberatung, Supervision, Coaching, 16 (4), 399–41.

Die Autorinnen

Jochen Schweitzer, Prof. Dr. rer. soc., Dipl. Psych, PP, KJP. Geb. 1954
Leiter der Sektion von 2005 bis 2022, seit April 2022 im Ruhestand.
Familientherapeut ab 1979 in Kinder- und Jugendpsychiatrie, Psychosomatik und Familientherapeutischer Ambulanz; Team- und Organisationsberatung im Gesundheits- und Sozialwesen ab 1995 mit Ruf auf Professur Sozialmanagement Universität Jena (1999); Mit-Gründung des Projektes SYMPAthische Psychiatrie (ab 1997); der Zeitschrift Psychotherapie im Dialog (1999), des Helm Stierlin Instituts (2002); Vorsitzender der Deutschen Gesellschaft für Systemische Therapie, Beratung und Familientherapie (2007 bis 2013). Mail: schweitzer.rothers@gmail.com

Janna Küllenberg, M. Sc. Psych. Geb. 1990
In der Sektion tätig von 2019 bis 2022.
Systemische Beraterin und Therapeutin (DGSF). Seit 2017 als wissenschaftliche Mitarbeiterin und Trainerin für Organisationspsychologie im Gesundheitswesen tätig (Medizinische Psychologie Universität Freiburg und Heidelberg). Forschungsschwerpunkte: Füh-

rungskräfteentwicklung und seelische Gesundheit am Arbeitsplatz Krankenhaus. Ab Juni 2022 wissenschaftliche Mitarbeiterin an der Hochschule für Angewandte Psychologie in Olten. Mail: info@janna-kuellenberg.com

Beate Ditzen, Prof. Dr. phil., Dipl. Psych. Geb. 1975

Professorin für Medizinische Psychologie und Psychotherapie, Ruprecht-Karls Universität Heidelberg, Direktorin des Instituts für Medizinische Psychologie, Universitätsklinikum Heidelberg. Psychologische Psychotherapeutin (kognitive Verhaltenstherapie, Systemische Paartherapie), Supervisorin (kognitive Verhaltenstherapie). Langjährige Forschung im Bereich Stress, Soziale Unterstützung, Soziale Beziehungen, Bindung, Partnerschaft und Gesundheit. Mail: beate.ditzen@med.uni-heidelberg.de

Kirsten Bikowski, Dipl. Soz. Päd., M. A. Geb. 1976

In der Sektion tätig von 2019 bis aktuell. Ab April 2022 Leitung der AG Medizinische Organisationspsychologie in der Nachfolge zur Sektion von Jochen Schweitzer-Rothers.

Schwerpunkte ihrer Tätigkeit sind Organisationsentwicklung, hier im Besonderen in der Klinik für Anästhesiologie, Teamentwicklung, Supervision, (Führungskräfte-) Coaching und Konfliktmoderation/Mediation in allen Kliniken und Abteilungen des Universitätsklinikums Heidelberg. Mail: Kirsten.Bikowski@med.uni-heidelberg.de

Marieke Born, Dr. Sc. Hum.; M. Sc. Psych.; B. A. Pol. & Soz. Geb. 1988

In der Sektion tätig von 2015 bis 2021.

Systemische Beraterin in der Organisationsentwicklung, Digitale Transformation in einem Dax-Konzern, sowie freiberuflich in der Organisationsberatung und im Coaching mit Führungskräften und Teams zu unterschiedlichen Themen (z. B. Entscheidungsfähigkeit, Team Health, Konflikt). In selbstständiger Praxis begleitet sie als systemische Therapeutin Paare und Einzelklienten u. a. zu Fragen der Balance zwischen sich widersprechenden Zielen und Bedürfnissen. Mail: mail@mariekeborn.de

Antonia Drews, Dr. sc. hum., M. Sc. Psych. Geb. 1988

In der Sektion tätig von 2015 bis 2021.

Als systemische Therapeutin und Beraterin seit 2018 in Einzel- und Paartherapie tätig. Zudem unterstützt sie Führungskräfte und Arbeitsnehmer:innen in Coachingprozessen zu beruflichen Fragen und begleitet Teams und Organisationen im Start-up- sowie Kunst- und Kulturbereich in Veränderungsprozessen sowie zu spezifischen Themen (u. a. Umgang mit Dilemmata, Intuition und Kreativität in der Zusammenarbeit, Führung). Mail: kontakt@antoniadrews.de

Ulrike Bossmann, Dr. sc. hum. Geb. 1982

In der Sektion tätig von 2012 bis 2020.

Forschung zum betrieblichen Demografiemanagement und dem Umgang mit Dilemmata. Praktische Tätigkeit als Supervisorin, Coach und Organisationsberaterin. Derzeitige Arbeitsschwerpunkte: Führungskräftecoaching, Gesunde Führung und Burnoutprophylaxe im Unternehmen, Dilemmamanagement, Positive Psychologie. Auf der DigitalPlattform soulsweet.de macht sie Wissen und Coaching-Angebote zur Resilienzförderung, der Steigerung des Wohlbefindens und (Positiven) Psychologie flexibel von überall und jederzeit zugänglich. Mail: bossmann@soulsweet.de

Julika Zwack, Dr. sc. hum., Dipl.-Psych. Geb. 1976

In der Sektion tätig von 2005 bis 2018.

Psychologische Psychotherapeutin, Supervisorin, Coach, Lehrende Therapeutin.

Niedergelassen in Heidelberg in eigener Praxis. Schwerpunkte: Einzel- und Paartherapie, Teamberatung, Supervision und Coaching in sozialen und öffentlichen Einrichtungen. Langjährige Praxisforschung zu den Themen »Resilienz im Beruf«, »Umgang mit Zeitdruck« und »Dilemmamanagement.« Autorin von »Wie Ärzte gesund bleiben – Resilienz statt Burnout« und »Wege aus beruflichen Zwickmühlen. Navigieren im Dilemma.«; Lehrtherapeutin und Vorstandsmitglied am Helm Stierlin Institut Heidelberg. Mail: mail@julikazwack.de

Frauke Ehlers, Dr. sc. hum., Dipl.-Psych. Geb. 1970

Mit ZusammenWirken.net seit 2015 selbstständige systemische Beraterin in den Feldern Coaching, Team- und Organisationsentwicklung, Konfliktberatung und Supervision. Zuvor viele Jahre Kombination freiberuflicher Tätigkeit und organisationsinterner Beratung als Leiterin der Geschäftsstelle des Zentrums für Psychosoziale Medizin am Universitätsklinikum Heidelberg, der auch die Sektion Medizinische Organisationspsychologie angehört. Lehrende am Helm-Stierlin-Institut Heidelberg. Mail: ehlers@zusammenwirken.net

Annette Bellm, Dipl. Psych. Geb. 1964

Systemische Therapeutin und Beraterin (SG) sowie psychologische Psychotherapeutin. Der Schwerpunkt ihrer Tätigkeit liegt in der Betrieblichen Psychosozialen Beratung, die seit Januar 2022 Teil des innerbetrieblichen Beratungsangebots der Sektion Medizinischen Organisationspsychologie ist. In selbstständiger Privatpraxis bietet sie Einzel-, Paar- und Familientherapie sowie Supervision an. Mail: annette.bellm@med.uni-heidelberg.de